苏·区·振·兴·八·周·年

U0694816

# 江西省老区
# 公共服务振兴发展研究

Research on the Revitalization and
Development of Public Service in
Old Revolutionary Base Areas of Jiangxi Province

刘善庆◎主编 张明林 江 玲 孔晓莹 余康宁◎著

经济管理出版社
ECONOMY & MANAGEMENT PUBLISHING HOUSE

**图书在版编目（CIP）数据**

江西省老区公共服务振兴发展研究 / 刘善庆主编；张明林等著 . — 北京：经济管理出版社，
2020.10

ISBN 978-7-5096-7650-9

Ⅰ . ①江…　Ⅱ . ①刘… ②张…　Ⅲ . ①公共服务—研究—江西　Ⅳ . ① D669. 3

中国版本图书馆 CIP 数据核字（2020）第 236068 号

组稿编辑：丁慧敏
责任编辑：丁慧敏　张广花　张玉珠
责任印制：黄章平
责任校对：王淑卿

出版发行：经济管理出版社
　　　　　（北京市海淀区北蜂窝 8 号中雅大厦 A 座 11 层　100038）
网　　址：www.E-mp.com.cn
电　　话：（010）51915602
印　　刷：北京虎彩文化传播有限公司
经　　销：新华书店
开　　本：710mm×1000mm/16
印　　张：13.5
字　　数：235
版　　次：2020 年 12 月第 1 版　2020 年 12 月第 1 次印刷
书　　号：ISBN 978-7-5096-7650-9
定　　价：68.00 元

# 前　言

　　2018年10月23日，江西省委书记刘奇在江西省第十三届人民代表大会第二次会议闭幕时的讲话强调：必须践行根本宗旨、增进人民福祉；让人民群众过上更加美好的生活，是一切工作的根本出发点和落脚点；要始终坚持以人民为中心的发展思想，多谋民生之利，多解民生之忧，更好地满足人民群众美好生活需要；要持续保障改善民生；坚持尽力而为、量力而行，切实办好民生实事。在进入新时代后，随着生产力的发展，人们更加追求美好的物质生活和精神生活，"人民日益增长的美好生活需要和不平衡不充分的发展之间的矛盾"成为社会主要矛盾。而要实现人民美好生活，就要更加关注民生，在基本公共服务领域，更加关注民生的基本公共服务，不断补齐发展过程中民生服务中的"短板"。

　　江西省老区是一片充满红色记忆的土地，赣州、抚州和吉安是红色文化传承与发扬的中心。江西老区明确公共服务工作重点，始终把人民安居乐业、安危冷暖放在心上，用心用情用力解决群众关心的教育、体育、医疗、社保、民政、水利等实际问题，抓实抓细，保障基本公共服务工作的有效推进，以满足人民日益增长的美好生活的需要，为全面小康提供强有力的支撑。自党的十八大以来，党中央进一步加大工作力度，出台了一系列含金量高的扶持政策，促进了老区经济和社会事业快速发展，城乡面貌焕然一新，老区群众生活水平快速提升。特别是自《国务院关于支持赣南等原中央苏区振兴发展的若干意见》（以下简称《若干意见》）出台以来，江西省老区从加强统筹协调、落实相关保障、强化责任担当三个方面着手，着力提升公共服务的供给质量，提高规划、建设和管理水准，优布局、优品质、优结构，推动公共服务标准化、优质化和品牌化，满足人民群众对优质公共服务产品的更高期待。着力推进公共服务的均等化，提升城乡之间、群体之间、区域之间的公共服务均等化水平，着力解决农村公共服务偏弱和困难群体享受公共服务不充分、不均等和不优质等问题，大力推进欠发达地区公共服务发展，不断提高公共服务共建能力和共享水平。在 2020 年《市场监管总局办公厅关于 2019 年全国公共服务质量监测结果的通报》中，江西省抚州市名列第 16 位，公共服务质量满意度较高。

2019 年 1 月和 7 月江西师范大学苏区振兴研究院赴江西省老区各县（市、区）展开深入调研，在广泛调研以及研究大量文献资料的基础上由江西师范大学张明林、江玲、孔晓莹以及余康宁等完成材料组织与撰写。全书共分为七章二十九节。其中，第一章是江西省老区教育振兴发展，第二章是江西省老区体育振兴发展，第三章是江西省老区医疗卫生振兴发展，第四章是江西省老区文化振兴发展，第五章是江西省老区社会保障振兴发展，第六章是江西省老区民政事业振兴发展，第七章是江西省老区水利振兴发展。第一章共分为四节，第一节为教育概念及分类，第二节为赣州市与典型县（市）教育振兴发展，第三节为抚州市与典型县（市）教育振兴发展，第四节为吉安市与典型县（市）教育振兴发展。第二章共分为四节，第一节为体育概念及分类，第二节为赣州市与典型县（市）体育振兴发展，第三节为抚州市体育振兴发展，第四节为吉安市与典型县（市）体育振兴发展。第三章共分为三节，第一节为赣州市与典型县（市）医疗卫生振兴发展，第二节为抚州市与典型县（市）医疗卫生振兴发展，第三节为吉安市与典型县（市）医疗卫生振兴发展。第四章共分为五节，第一节为江西省老区与赣州市文化产业振兴发展现状，第二节为赣州市典型县（市）文化振兴发展现状，第三节为抚州市与典型县（市）文化振兴发展，第四节为吉安市与典型县（市）文化振兴发展，第五节为赣州、抚州、吉安文化振兴发展比较。第五章共分为五节，第一节为社会保障的概念及分类，第二节为赣州市与典型县（市）社会保障振兴发展，第三节为抚州市社会保障振兴发展，第四节为吉安市与典型县（市）社会保障振兴发展，第五节为赣州、吉安、抚州社会保障振兴发展比较。第六章共分为四节，第一节为民政事业概述，第二节为赣州市与典型县（市）民政振兴发展，第三节为抚州市民政振兴发展，第四节为吉安市与典型县（市）民政振兴发展。第七章共分为四节，第一节为水利概述，第二节为赣州市与典型县（市）水利振兴发展，第三节为抚州市与典型县（市）水利振兴发展，第四节为吉安市与典型县（市）水利振兴发展。全书大纲由张明林教授拟定，江玲撰写第一章至第三章以及第五章第四节，共计 10.1 万字，余康宁撰写第四章第一节、第二节、第三节，共计 1 万字，孔晓莹撰写第五章其他章节至第七章，共计 10.2 万字。

总的来讲，本书紧紧围绕江西省老区公共服务，既对老区公共服务现状进行具体阐述，又对江西省老区各市的典型县进行纵向的比较探究。全书描述了江西省老区公共服务振兴发展典型县的具体事例，总结了江西省老区公共服务发展的经验，提出了提升老区公共服务供给能力的战略思考，为今后我国老区公共服务发展提供了重要借鉴。

# 目　录 · CONTENTS

# 第一章

## 江西省老区教育振兴发展

## 第一节　教育概念及分类

本章将选择赣州市的大余县、崇义县、兴国县,抚州市的乐安县、广昌县、南城县以及吉安市的吉安县、吉小县、安福县、峡江县作为样本,客观分析三市十县的教育现状,并进行比较分析,以探索江西老区教育振兴发展之道。

### 一、教育概念

教育过程开始于一个人的出生并持续终身,对人产生持久而深刻的影响。有些人甚至认为教育可以开始得更早,一些父母通过外部的言语和音乐来影响子宫里成长着的胎儿,进行胎教,希望给孩子以积极健康的影响。根据联合国教科文组织的界定,教育指能够引发学习的交流活动。教育又有广义和狭义之分,广义的教育泛指能增长人的知识技能、影响人的思想品德、提高人的认知能力、增强人的体质、完善人的个性的一切活动。它包括有计划的教育和偶然的教育,有组织的教育和无组织的教育,外在灌输的教育和自发感化教育的总和。它表现在以下几方面:对儿童的抚育和预防外来有害现象的侵害;使儿童与周围世界建立初步的联系;以人与人交往的有力的工具语言武装儿童;向青年一代传授并用某种形式使他们掌握生产经验和生产技能;向青年一代的头脑中灌输某种思想体系,并使其养成一定的行为规范。例如,《美利坚百科全书》将"教育"一词定义为:"从最广泛的意义说,教育就是个人获得知识或见解

的过程,就是个人的观点或技艺得到提高的过程。"

## 二、教育分类

根据教育的对象、年龄特征对教育实践进行划分。教育类型主要有学前教育、义务教育、高中教育、特殊教育、职业教育、民办教育六种。

### (一) 学前教育

学前教育是以学龄前儿童为对象的教育,是一个多方面的培养过程,是借由学前教育机构来实施的一门综合性非常强的学科。

### (二) 义务教育

义务教育是国家统一运用公共资源保障所有适龄儿童接受的教育。义务教育的三个基本原则是强制、普遍与免费。凡是适龄儿童都有接受教育的义务,并且教育对象没有阶级或是出身的限制,此外还必须是免纳学费的。因此,义务教育具有强制性、公益性、统一性三个基本性质。

### (三) 高中教育

高中教育历来是被人们所重视的一个教育阶段,其关系着一个孩子的未来。高中教育培养目标是让学生通过一种学习氛围的长期熏陶来形成持久的学习兴趣,变被动灌输为主动探索,尽早发掘出学生个性专长,使高中学生对将来做出合理的学业规划、职业规划,找到自身的成长点。

### (四) 特殊教育

特殊教育是运用特殊的方法、设备和措施对特殊的对象进行的教育。狭义的特殊教育指有身心缺陷的人即盲人、听障人(聋人)、弱智儿童教育以及问题儿童教育,并从经济投资、科学研究、师资和设备等方面支持这类教育。各国实施这类教育的机构一般有:盲人学校、聋人学校、肢残和畸形儿童学校、语言障碍儿童训练中心、森林学校、疗养学校、特殊学校、低能儿学校、工读学校、儿童感化院,以及附设在普通学校的特殊班级。它的目的和任务是最大限度地满足社会特殊儿童的教育需要,发展他们的潜能,使他们增长知识、获得技能、完善人格,增强社会适应能力,成为对社会有用的人才。

### （五）职业教育

职业教育指让受教育者获得某种职业或生产劳动所需要的职业知识、技能和职业道德的教育。它包括职业学校教育和职业培训。职业学校教育包括各种职业技术学校、技工学校、职业高中（职业中学）等。职业学校教育是学历性的教育，分为初等、中等和高等职业学校教育。职业培训是非学历性的教育，包括对职工的就业前培训、对下岗职工的再就业培训等各种职业培训。职业教育的目的是培养应用型人才和具有一定文化水平和专业知识技能的社会主义劳动者、社会主义建设者，与普通教育和成人教育相比较，职业教育侧重于对实践技能和实际工作能力的培养。

### （六）民办教育

民办教育，又名私立教育，是相对于公办教育、公立教育的教育形式，指国家机构以外的社会组织或者个人，利用非国家财政性经费，面向社会举办学校及其他教育机构的活动。

## 第二节　赣州市与典型县（市）教育振兴发展

### 一、赣州市教育振兴发展

#### （一）教育改革实现新的突破

2018 年赣州市特岗教师及"三区"人才支教计划共 2507 名、教育经费达 32.08 亿元，批复设置 4 所中等专业学校，增加赣南卫生健康职业学院高职招生计划 400 个。开展了"推进重大改革攻关写好赣州教育奋进之笔"专项行动，推进了校长教师交流轮岗、城乡义务教育一体化、职业教育人才培养模式、中小学生研学实践等改革。认真学习南昌、宁波等地先进经验，启动了初、高中教学衔接实验改革。创新中小学教职工编制及聘用教师控制数工作，下达教师编制数 7.6 万名、聘用教师控制数 2.2 万名，为中小学教师编制紧缺问题找到了解决之道，相关经验已在江西省推广。

### （二）四大攻坚计划取得实效

一是启动了城乡学校建设三年行动计划。采取班子成员定点联系、挂图作战、每月督查通报等系列举措，全力推进三年行动计划，争取部门支持统筹解决规划编制、资金筹集、项目用地等节点难点问题。目前，赣州市已完成投资 42.7 亿元，开工项目学校 115 所，2018 年秋季投入使用 53 所，新增学位 7 万余个；统一规范了章贡区、赣州经开区、赣州蓉江新区中小学命名，推进了赣州中心城区教育联动一体化发展。二是学前教育普惠攻坚计划扎实推进。大力实施第三期学前教育行动计划，提请市政府出台了城镇住宅小区配套幼儿园规划建设及管理办法，并从 2018 年起，市财政每年预算 1300 万元，设立扩充普惠性学前教育资源专项资金。三是启动了普通高中教育教学质量三年行动计划。制定了普通高中教育教学质量综合评价方案，建立了普通高中学校结对帮扶机制，赣州市全市上下形成了争先创优、齐抓质量的浓厚氛围。2018 年赣州市高考每万人一本上线人数为 9.85 人，比 2017 年每万人一本上线人数多 1.92 人；全市高考成绩在 600 分以上考生占江西省的16.57%，较 2017 年提高 6.09 个百分点；有 3 名考生以裸分被清华大学、北京大学录取，实现了历史性突破。四是大力实施了职业教育结构优化攻坚计划。积极推动符合条件的中职学校创建省级达标校，达标率位于江西省设区市前列；举办了校企政合作启动仪式暨集中签约会，全市 13 所职业院校与20 家企业现场签约，有 1596 名学生赴企业实习或就业；举办了有史以来竞赛项目最全、参赛师生人数最多的全市中职学校技能大赛；召开了全市职业教育工作座谈会，通过各类媒体广泛宣传职业教育，营造了全社会关心、支持职业教育发展的良好氛围。

### （三）两项重点工作扎实推进

一是作风建设全面展开。在教育系统深入开展作风建设活动，坚决整治"怕、慢、假、庸、散"等不良风气；大力推进"五型"政府部门建设，认真查摆教育部门存在的突出问题，梳理了问题清单并制定了整改方案，狠抓了整改落实工作；认真整治群众反映的教育乱收费、乱补课及师德师风等问题，着力营造风清气正的教育生态。二是教育系统保持了安全稳定的良好局面。相关部门深入开展了预防少年儿童溺水专项行动、校车安全专项整治行动、学校消防安全专项整治行动、学校食品安全"护校行动"、防校园欺凌和暴力专项治理行动，加强了学校及周边治安综合治理，有力地维护了教育系统安全稳定。赣州市高等院校情况如表 1-1 所示。

**表 1-1　赣州市高等院校情况**

| 本科院校 | 独立院校 | 高职、大专院校 |
|---|---|---|
| 江西理工大学、<br>赣南师范大学、<br>赣南医学院 | 江西理工大学应用科学学院、<br>赣南师范大学科技学院 | 江西应用技术职业学院、<br>江西环境工程职业学院、<br>赣州师范高等专科学校、<br>赣南卫生健康职业学院、<br>赣州职业技术学院 |

## 二、赣州市大余县教育振兴发展

2018 年，大余县共有公办学校 121 所，其中省重点中学（大余中学）、省重点建设中学（新城中学）、普通中学（梅关中学）、职业中等专业学校、教师进修学校各 1 所，义务教育学校 104 所（除新城中学外，还有普通初中 7 所，九年一贯制学校 5 所，城区小学 3 所，乡镇中心小学 6 所，村完小 32 所，教学点 49 个，特殊教育学校 1 所），公办幼儿园 13 所（其中城区 2 所，乡镇 11 所）。现有中小学生 47580 人，其中小学 28190 人，初中 12332 人，特殊教育学校 47 人，普通高中 4932 人，职业中专 2079 人；在园幼儿 13180 人，其中公办幼儿园 3044 人，附属幼儿园 903 人，民办幼儿园 9233 人。全县教育系统现有教职工 2774 人，其中小学 1357 人，初中 775 人，普通高中 300 人，职业中专 137 人，公办幼儿园 154 人，其他 51 人。

### （一）学前教育

大力实施第三期学前教育三年行动计划，有效落实"以奖代补"政策，组织开展了学前教育宣传月、城乡结对帮扶、分片教研、幼儿园基本功竞赛等活动，乡镇公办幼儿园已全部开园，大余县已拥有 10 所市级以上示范园，提升了公办园和普惠性民办园的覆盖率。扎实开展省、市级示范幼儿园"结对帮扶"、示范性教学、送教下乡、课堂开放、民办幼儿园教师跟班学习等活动，帮助民办幼儿园提高管理和保教水平，促进优质教育资源共享，不断规范民办幼儿园管理，促进了大余县学前教育良性发展。大余县全县民办幼儿园中有市级示范园 3 所（金鑫幼儿园、永康福娃幼儿园、新安幼儿园），县一级园 15 所，二级园 21 所。

## (二) 义务教育

大余县继续推进城乡教育一体化发展，教育资源配置更加均衡，学校办学条件大为改善，顺利通过了义务教育均衡发展。全年组织开展了义务教育均衡发展跟踪、电教装备管理、校园精细化管理等多项督导检查，"一校一品"已具规模，有 5 所学校被评为赣州市"文明校园"，并顺利承办了全市校园文化建设示范校流动现场会，圆满举办了全县中小学田径运动会、篮球足球联赛、校园歌手大赛等活动，采取政府购买服务的方式推进足球进校园，高标准打造 2 所"心防"工程建设示范学校（南安中学、南安小学），在提高学生学习、实践和创新能力的同时，进一步促进了校园文化品位和教育教学质量的提升。大余县教育局被评为赣州市中学教学质量综合评价先进单位。自"全面改薄"项目规划以来，根据《大余县全面改善义务教育薄弱学校基本办学条件项目规划（2014—2018 年）》，大余县规划总投资 16046.55 万元，维修及新建校舍 75283 平方米，整修及新建室外运动场 121918 平方米，规划设备采购值 3625 万元。截至 2018 年 11 月，项目实施进展顺利，项目开工总面积 113761 平方米，开工率达 151.11%，已竣工面积 103313 平方米，竣工率达 137.23%，累计完成设施设备采购值 6776 万元，采购完成率达 186.92%。

## (三) 高中教育

稳步发展高中教育，加快建设大余中学、新城中学教学综合楼，大力改善高中办学条件，扎实推进高考改革，积极构建高效课堂，高考质量稳中有升，2017 年大余县二本以上上线率达 47.3%，特别是三校生本科上线人数在江西省三校生招生计划骤减近两百人的情况下，仍由 2016 年的 23 人增加至 2017 年的 28 人。

## (四) 特殊教育

在改善特殊教育学校办学条件的基础上，大余县建立健全了残疾儿童少年随班就读机制和送教上门制度，为随班就读学校装备特殊教育资源教室，将随班就读工作管理纳入特殊教育和普通教育的管理体系中，提高了残疾儿童少年受教育的水平。

## (五) 职业教育

大余县职业技术教育中心开设有数控技术应用、机械加工、计算机平面设计、电子商务、中餐烹饪、学前教育、汽车运用与维修、高职高考等专业，同时还是县"新型职业农民"培育基地。近年来，学校推进校企合作、深度融合，与江西科比特航空科技有限公司共同开设了无人机操控校企合作冠名班，与大余杰夫电子商务有限公司签订了深度长期合作协议，拓宽了学生的就业渠道。

### （六）民办教育

积极扶持普惠性幼儿园的健康发展，加大民办教育的扶持和监管力度，严把入门关、审批关、年检关、等级评估关，进一步规范了民办教育机构办学行为。有 6 所已审批年检的民办教育培训机构，主要从事英语、绘画、音乐、舞蹈等艺术培训，办学规模大多在 100~200 人之间，教师 3~10 人。民办教育机构积极培养儿童特长，激发学生兴趣，开发儿童潜能，是公办教育的有益补充。

## 三、赣州市崇义县教育振兴发展

2017 年，崇义县针对进城务工等因素导致的县城人口剧增、现有学位不足造成的县城学校大班额现象，开展了横水中心小学改扩建、章源中学改扩建、新建思源实验学校等项目建设，学生入学难的问题基本得到解决，并按标准化要求为县城学校添置基本的教学仪器设备及音体美器材，城区义务教育达到基本平衡。以"满足基本需求，促进教育公平，推动普通高中学校办学条件标准化、规范化建设"为目标，实施了崇义中心扩建工程，投资 10300 万元，新建崇义中学教学、生活等用房 54000 万平方米，显著提高了高中教育教学、生活等基本办学条件。通过加强学校班子建设，增强战斗力和凝聚力，提升管理水平和业务能力，加强教师队伍建设，使教师由"教书匠"发展成"研究型""学者型"教师，抓好教学常规工作，实施精细化管理提高办学质量等方式，努力提升学校教学质量。对待农村基础教育设施薄弱的学校，崇义县自启动全面改薄项目以来，争取全面改薄中央专项资金 5774 万元，对农村义务教育学校进行新建或改扩建校舍 19250 平方米，运动场地建设 13100 平方米，添置图书 71321 册，购置计算机、教学仪器等设施设备达 15000 台件套。完成了 D 级危房的拆除或拆除重建任务，解决了有住校生的初中、小学学校大通铺现象，实现了每人一铺的目标。通过全面改薄、校舍维修改造等项目的实施，有效缩小了农村义务教育城乡、校际差距，使得各乡镇中小学生均能享受优质的标准化教育资源。

## （一）学前教育

在 2011 年时，崇义县共有各层次幼儿园 72 所，其中公办幼儿园只有 1 所（县城关幼儿园），集体办幼儿园 1 所（县妇联幼儿园），其余 70 所为民办幼儿园，其中未办证或正在办证的民办幼儿园有 22 所。县城共有幼儿园 8 所，其余 64 所幼儿园分布在全县其他 15 个乡镇中。小的乡镇只有 2~3 所幼儿园，大的乡镇有 5~6 所幼儿园。全县在园幼儿共 6477 人，占适龄入园儿童的 71%。县城为幼儿入学最为集中的地方，共有在园幼儿 2865 名。其中公办的城关幼儿园只容纳 946 名，集体办的县妇联幼儿园有在园幼儿 490 名，公办幼儿园接纳的幼儿数占县城入园幼儿数的 1/3，约占全县入园幼儿数的 1/6。2011 年全县幼儿教育的基本情况可以用四句话概括：公办少、民办差、师资缺、管理弱。

经过了六年的发展变化，2017 年，崇义县共有幼儿园 79 所，其覆盖范围包括城区与边缘地区，由图 1-1 可见，2011~2017 年崇义县的幼儿园数量一涨再涨，并最终保持在一个较为稳定的数量上，且随着时代的发展入园幼儿人数一降再降，截至目前，每所幼儿园平均入园的幼儿数大约为 104 人，大大满足了崇义县幼儿的入学需求。与 2011 年崇义幼儿园数量满足不了幼儿的入学需求情况相比较有了巨大的改善与进步，充分反映了政府对崇义县幼儿教育的重视。

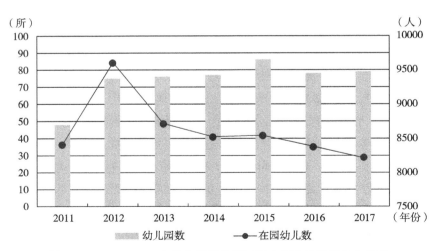

图 1-1　2011~2017 年崇义县幼儿园以及在园幼儿数量变化状况

资料来源：2012~2018 年《崇义县统计年鉴》。

### （二）义务教育

崇义县重视义务教育的发展，2011~2016 年累计投入 3.58 亿元，实施了义务教育标准化建设项目 312 个，总面积达到 20.1 万平方米，校舍不足问题基本解决，校容校貌焕然一新。崇义县共投入 1936 万元用于装备建设，基本办学条件日益完善；安排 1080 万元推进教育信息化，在赣州市较早实现了"宽带网络校校通""优质资源班班通"。在队伍建设方面，新增教师 631 名，年均增加 126 人。结合实际创造性实施教师"轮岗走教"模式，队伍专业、年龄结构得到显著优化。崇义县累计投入 2010 万元实施教师住房项目 22 个，有效解决教师安居问题。2011 年起为全体教师全额发放绩效工资，人均达到 2.58 万元，高于当地公务员标准；2014 年先于江西省、赣州市为乡镇教师发放工作补贴，2015 年起将边远艰苦地区教师津贴发放范围覆盖到相关乡镇全体教师，教师待遇的提高保障了队伍稳定，调动了教师教书育人的积极性。

从图 1-2 中不难发现 2011~2017 年崇义县义务教育学校数有所减少，从 2011 年的 119 所减少到 2017 年的 105 所，减少比例为 11.76%。且经过崇义县多年的努力，其初中学龄人口入学率达 99.6%，小学学龄儿童入学率达 100.0%。

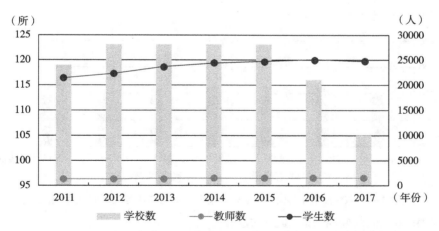

图 1-2　2011~2017 年崇义县义务教育学校数、教师数以及学生数量状况

资料来源：2012~2018 年《崇义县统计年鉴》。

其中关于学生数量从图 1-3 中可以看出，小学生数在 2011~2017 年不断攀升，并于 2015 年之后保持在一个相对稳定的状态下，初中生数量每年都有所提升但增长速度较为缓慢。

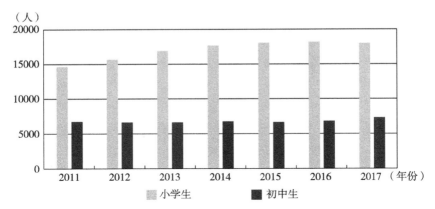

**图 1-3　2011~2017 年崇义县义务教育小学生与初中生数量情况**

资料来源：2012~2018 年《崇义县统计年鉴》。

　　在图 1-4 中，小学专任教师数量以及初中专任教师的数量均在平稳提升，经计算得知，在 2017 年，崇义县小学的师生比（每位老师所带的学生数量）为 1∶17.24，初中的师生比为 1∶14.92。

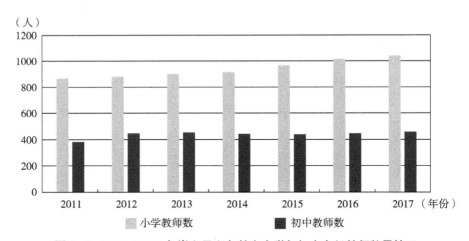

**图 1-4　2011~2017 年崇义县义务教育小学与初中专任教师数量情况**

资料来源：2012~2018 年《崇义县统计年鉴》。

## （三）高中教育

　　崇义县在 2017 年拥有两所高中，其中崇义中学新校区（崇义中学高中部）是高标准建设的现代化校园，分为教学区、运动区、生活区。教学区有教科大楼、第一教学大楼、第二教学大楼、实验大楼，建筑面积达 3 万平方米。学校办学设施先进，装备了多媒体教室、计算机教室、语音教室，开通了电视网、广播网、电脑网、电话网，并建成了拥有 4 万册纸质图书、60 万册电子图书的图书馆。2010 年高考，学校一本万人上线率和二本万人上线率均居赣州市第二名。2011 年高考，学校再次刷新历史纪录，一本万人上线率和二本万人上线率均居全市第一名。2012 年高考，学校二本万人上线率再居赣州市第一名。学校先后获得了"江西省教育系统'提升质量年'活动先进单位""江西省现代教育技术示范学校工作先进单位""江西省中小学德育示范学校""江西省安全文明校园""江西省重点中学高中教学质量先进单位""赣州市高中教学质量综合评价先进单位"等 40 余项省市级荣誉称号。学校连续 12 年被评为"江西省文明单位"。从图 1–5 中可以看出，2011~2017 年该县高中学生数和教师数虽有一定的波动，但是均保持在一个相对平稳的变化之中，其中，经计算，2017 年崇义县高中的师生比为 1∶14.54。

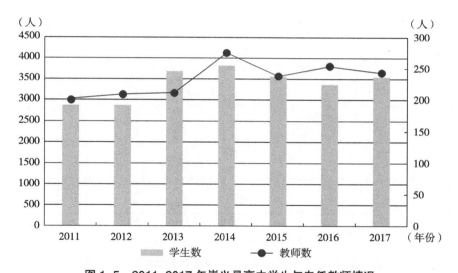

**图 1–5　2011~2017 年崇义县高中学生与专任教师情况**

资料来源：2012~2018 年《崇义县统计年鉴》。

## （四）特殊教育

崇义县在 2014 年增设了一所特殊教育学校，该学校是经县政府批准成立、由县教育局主管，专门招收适龄智障、听障少年儿童，集教育、康复于一体的寄宿制义务教育公办学校。

学校现设有启音和培智两个复式教学班，承担着崇义县听障、智障学生的九年义务教育和职业技术培训教育。在校学生 42 人，听障学生 10 人，智障学生 32 人。在编教职工 5 人，后勤 5 人，在编教职工 100% 达到国家规定学历。

### （五）职业教育

崇义县有职业教育学校一所，即江西省崇义县职业中等专业学校。崇义县职业中等专业学校创办于 1958 年，原名江西共大崇义分校，1983 年 12 月改名为崇义县农林技术学校，1994 年升格为职业中专，历经三个发展阶段，已有五十多年的办学历史。其曾被授予"全国职业技术教育先进单位"光荣称号，2000 年 6 月被国家教育部评定为全国首批重点职业高中。图 1-6 表明，2011~2017 年，崇义县职业教育学校的学生数经历了先减后升的变化，专职教师变化浮动较小，基本保持下降的趋势。

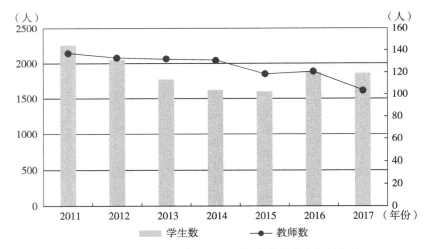

图 1-6　2011~2017 年崇义县职业教育学校学生与教师情况

资料来源：2012~2018 年《崇义县统计年鉴》。

## 四、赣州市兴国县教育振兴发展

2018 年，兴国县注重教育发展，近年来，兴国县教育获全国表彰 3 次，列为全国示范区 2 次，在兴国县召开的市级以上现场会有 5 次，在市级以上会议经验发言 10 次，在主要媒体重点报道兴国县教育特色工作 20 次。兴国县教育局先后荣获市级以上荣誉达 23 项。兴国县被评为全国中小学研学旅行实验区、国家级农村职业教育和成人示范县。"兴国教育"微信公众号被评为江西省、赣州市十佳政务微信平台。截至2017年，兴国县全县共有中小学286所，其中小学252所，九年一贯制学校1所，完全中学2所，高级中学3所，初级中学28所。在校学生147563人，其中小学在校学生87736人，初中在校学生41589人，高中在校学生18238人。兴国县中小学在校教职工8059人，其中小学在职教职工4569人，中学在职教职工（含高中）3490人。兴国县校园占地面积314.42万平方米，校舍面积132.93万平方米。小学生、初中生入学率均达100%。除此之外，兴国县一直开展的特色教育包括：擦亮文化"三原色"、浸染学校春满园，城乡教师共谱均衡发展曲，创新管理模式、提高工作效率、大力推进校建项目等，加大对校园环境的改善力度，举办文化活动、培训学习；重视教师管理制度，构建科学合理、规范有序的教师队伍管理机制，助力推进城乡教师资源、质量均衡，广泛引进人才；以摸家底、建台账、编规划为起点，积极创新校建管理，大力推进全面改薄工程建设，立足县情，科学编制规划。

## （一）学前教育

截至2018年，兴国县共有幼儿园307所，在园幼儿38599人，适龄儿童入学率为100%。其中，兴国县第一幼儿园是国家烟草专卖局援建的重大民生项目，是一所按省级示范园标准建设的城堡式幼儿园。幼儿园占地面积40亩，建筑面积16518平方米，总投资约4300万元，是兴国县一次性投入最大的一所县直幼儿园，且成功申报立项了国家级课题"幼儿园美育实施的方法与途径的研究"和省级课题"自然材料在幼儿园美术教育活动中的运用研究"。兴国县第一幼儿园以先进的教学方法、教育模式和丰硕的教学成果得到了小朋友的欢迎和广大家长的肯定，收获了很多荣誉与奖励，并取得了良好的社会口碑。在全体教职工的辛勤付出下硕果累累，幼儿园顺利通过了"市级示范园"评估，荣获了"赣州市第九届文明单位""洁厨亮灶省级示范单位""赣州市巾帼文明岗""兴国县卫生保健工作示范幼儿园""兴国县最美校园""兴国县安全管理先进单位"等多项荣誉称号。第三幼儿园于2017年9月开园，2018年8月被评为"赣州市市级示范幼儿园"。第三幼儿园现有10个教学班，330名幼儿，园内教职工共42人，坚持保教结合的原则，每班配备两教一保。兴国县第四幼儿园是县教育局下属股级全额拨款、公益二类事业单位。2019年赣州市教育局下发《关于做好2019年市示范幼儿园评估和复评情况的通报》，兴国县第四幼儿园、兴莲乡公办中心幼儿园、古龙岗镇公办中心幼儿园、永丰乡公办中心幼儿园、田园幼儿学校（复评）荣获"市示范幼儿园"称号。2020年根据省委教育工作领导小组《关于做好聚焦解决"入园难、入园贵"突出问题有关工作的通知》文件精神中提出的公办幼儿园底线标准，同时结合各地小区配套园的实际情况进行整治，兴国县教科体局采取集中连片改建方式，择优把14所民办园转成公办园，公办园在园幼儿增加了3449人，全县公办园在园幼儿占比达到了40.48%，完成了省级标准40%的任务目标。兴国县城镇住宅小区配套园整治卓有成效，聚焦解决了"入公办园难"的突出问题。

## （二）义务教育

在教育规划推进的过程中，兴国县各中小学充分发挥独特的红色资源优势，积极传承红色历史传统，根据学校实际情况，打造适合自身的红色校园文化。其中，实验小学把兴国山歌与德育教学紧密联系，将社会主义核心价值观编成兴国山歌，让孩子们在优美的山歌声中陶冶情操。2015年实验小学被评为"全国教育系统先进集体"，2016年1月，学校山歌队还赴北京参加了"印象彩虹桥工程"汇报演出。兴国县第一小学以"开国将军萧华母校"为校园文化切入点，坚持以"将军精神"为灵魂，每幢教学楼都确定一个主题，即语言文字韵、模范兴国魂、长征精神颂、红色教育情，让校园内每一处都会说话，每一寸土地都承载着育人的功能。特别是"红星闪闪"德育基地，自建立以来，迎接了兴国县内外近万名中小学生参观，得到了国家、省、市、县等各级各部门领导肯定。2015年，兴国县第一小学被授予"中国工农红军萧华红军小学"称号并接受了全国红军小学建设工程理事会授旗、授牌。平川中学、兴国第四中学先后被评选为江西省"红色教育校园传播基地"，实验小学、兴国县第五小学、兴国县第六中学被评为"全国青少年足球特色学校"等。兴国县列宁学校立足长冈乡红色资源，编写了《红色基因代代传》《学习〈长冈乡调查〉开展调查实践活动手册》等校本教材，旨在让学生传承红色基因。

义务教育阶段，兴国县义务教育学校教职工核定编制5293人（全县中小学教职工编制6046人），现有职教职工6712人（全县中小学教职工7633人），超编1419人（全县中小学超编1587人）。农村小学师生比1∶19、县城小学师生比1∶23.5、农村初中师生比1∶16.3、县城初中师生比1∶19.7。

2014~2016 年兴国县学生人均教育事业费支出为 5012.67 元、5575.11 元、6553.70 元，分别较上年增长 33.8%、11.22% 和 17.6%；2014~2016 年兴国县初中生人均教育事业费支出为 6902.37 元、7648.25 元、8061.73 元，分别较上年增长 52.4%、10.8% 和 5.4%。2016 年，兴国县全县小学入学率达 100%；小学升初中比例达 100%，兴国县初中三年级在校学生数为 11467 人；小学辍学率为 0.002%，初中辍学率为 0.22%。

# 第三节　抚州市与典型县（市）教育振兴发展

## 一、抚州市教育振兴发展

抚州是全国闻名的才子之乡、教育之乡，孕育了影响中外的临川文化；教育是当今抚州的金字招牌、闪亮名片，是临川文化的核心要素，改革开放 40 多年，抚州市教育事业蒸蒸日上，教育规模与质量都有了显著提高。

### （一）办学条件明显改善

抚州市各级政府不断增加教育投入，多方筹措校建资金，改善办学条件。2017 年全市教育经费总投入 72.2 亿元，其中抚州市国家财政性教育经费支出为 64.25 亿元。在农村"瞄准标准化"，加快推进"全面改薄"、农村教师周转房、普通高中资源扩充、职业教育等项目，完成投资 4.57 亿元，建成面积 100.01 万平方米，农村薄弱学校基本办学条件明显改善。在城镇"紧盯大班额"，安排教育重点项目，新建各级中小学校。抚州市实施了"江西省优质高中建设工程"，各县（区）省级重点高中成为当地最亮丽的风景。抚州市教育信息化建设取得明显成效，实施了教育信息化系统建设工程，搭建了教育局域网和市、县（区）教育信息工作平台。2017 年，抚州市制定《抚州市智慧教育云平台项目实施方案》，南城县完成教育城域网建设，资溪县教育资源管理平台实现全县覆盖，以信息化推进现代化迈出坚实步伐。

### （二）义务教育均衡发展

近年来，抚州市不断调整教育结构，普及初等教育，整顿教育秩序，改革教学方法，提高教学质量。2007 年开始全市全面实施了对所有义务教育经费阶段学生免除学杂费、教科书费和补助寄宿生活费政策，确保每一个学生不因家庭困难而辍学。同时建立了以政府为主导、以学校和社会为补充的"三位一体"的资助格局，学生资助体系实现全覆盖。为推动教育资源均等化，每年补充教师 1000 多人，接受免费师范本科生 100 余人，定向培养农村师范生 700 多人。率先在江西省推进义务教育学校校长交流轮岗制，近千名校长教师奔赴农村教育教学一线，为农村学校注入活力。

### （三）高中教育成绩斐然

抚州市实施了"江西省优质高中建设工程项目"，一批省重点中学和省级重点建设中学通过实施优质建设工程项目改变办学条件，扩展优质高中教育资源。普通高中在校生由 1978 年的 3.1 万人增长到 2017 年的 7.7 万人，增长了 1.5 倍。抚州市高中教育质量在江西省处于前列，高考成绩连续十多年保持江西省领先水平，2013 年"文理科双状元"花落抚州，2014 年首次包揽江西省文理科冠亚军，2015 年高考各项指标继续远超江西省平均水平。2017 年全市 46 人考取北京大学、清华大学，江西省理科状元花落临川第一中学，南城、东乡等地高考取得历史性突破，呈现出百花齐放的良好态势。在保持普通高考传统优势的基础上，资溪县第一中学普职融合、崇仁县第二中学艺术教育、东乡实验中学书法教育、抚州市第一中学"六年一贯制"和临川第二中学"双学设计教学（美术方向）"等教学实验工作取得较好成效。临川第一中学、临川第二中学国际、体育、艺术教育特色鲜明，多名学生被清华大学美术学院录取，高中国际班 30 多名同学全部被美国华盛顿大学、明尼苏达大学等世界名校录取。

### （四）职业教育特色发展

自改革开放以来，抚州市高度重视职业教育发展，推动职业教育从无到有，迅速发展。近年来，全市大力实施江西省中等职业教育质量提升"123"工程，提升临川现代教育学校高水平办学，打造资溪县职业中学旅游服务与管理、金溪县中等职业学校现代信息技术服务、东乡机电中等专业学校数控技术应用 3 个特色专业群，培育培养江西省中等职业学校"技术技能名师"13 名。全力打造"一县一校一品"，通过资源整合，抚州市 12 个县（区）基本做到一县办一所中等职业学校。通过多年的不懈努力，抚州市职业教育成果优异，2017 年抚州市代表江西省参加全国中等职业院校技能竞赛获二等奖 1 个、三等奖 4 个；抚州创新学校学生徐乐秋参加在德国柏林举行的第 51 届国际速录大赛，取得极限速记第二名和实时记录第二名的优异成绩；在江西省第八届中等职业学校"文明风采"竞赛活动中，抚州市共获得一等奖 10 个，二等奖 17 个，三等奖 28 个。

2013 年抚州市有幼儿园 454 所，在园幼儿 100100 人，较 2012 年减少 147 人，专任教师 3666 人，较 2012 年减少 133 人；普通小学 1095 所，在校生 342922 人，较 2012 年减少 70832 人，专任教师 19880 人，较 2012 年增加 1036 人；普通中学 212 所，其中高中 30 所、初中 182 所，在校生 230936 人，较 2012 年减少 34176 人，其中高中生 77900 人，初中生 153036 人，专任教师 14225 人，较 2012 年减少 574 人，其中初中专任教师 10339 人、高中专任教师 3886 人；职业高中 24 所，在校生有 17002 人，专任教师 743 人，较 2012 年减少 188 人；特殊教育学校 10 所，在校生 1074 人，较 2012 年减少 392 人，专任教师 50 人，较 2012 年增加 7 人。高考成绩连续保持江西省第一，被北京大学、清华大学录取人数达 55 人。

2014 年抚州市获批建设全国中小学教育质量综合评价改革试验区和抚州基础教育综合改革试验区，教育资源进一步扩大，增加中小学学位 3.2 万个。学校教育总体情况为：幼儿园 516 所，在园幼儿 105019 人，较 2013 年增加 4919 人，专任教师 4270 人，较 2013 年增加 604 人；普通小学 986 所，在校生 341025 人，较 2013 年减少 1897 人，专任教师 19891 人，较 2013 年增加 11 人；普通中学 218 所，其中高中 32 所、初中 186 所，在校生 230766 人，较 2013 年减少 170 人，其中高中生 80867 人、初中生 149899 人，专任教师 14402 人，较 2013 年增加 177 人，其中初中专任教师 10303 人、高中专任教师 4099 人；职业高中 25 所，在校生有 14576 人，较 2013 年减少 2426 人，有专任教师 725 人，较 2013 年减少 18 人；特殊教育学校 10 所，在校生有 1560 人，较 2013 年增加 486 人，有专任教师 54 人，较 2013 年增加 4 人。高考连续十一年保持江西省第一，首次包揽江西省"文理科冠亚军"，被北京大学、清华大学录取的考生达 49 人。

2015 年抚州市临川教育集团学校转型升级闯出新路，义务教育面试就近入学顺利实施，校长教师交流轮岗成为江西省模板，农村义务教育标准化建设取得突破，高考成绩连续十三年保持江西省领先水平。抚州市中心城区 100 个重点推进项目中教育项目达 14 个，总投资达 18 亿元，市保育院新园区建设基本完工，崇仁师范新校区、抚州市第一中学改造提升，临川第二中学三期工程等项目有序推进；各县（区）共安排 28 个教育重点项目，总投资达 17.94 亿元。学校教育总体情况如下：幼儿园 584 所，在园幼儿 116851 人，较 2014 年增加 11832 人，专任教师 4964 人，较 2014 年增加 694 人；普通小学 963 所，在校生 349180 人，较 2014 年增加 8155 人，专任教师 20169 人，较 2014 年增加 278 人；普通中学 221 所，较 2014 年减少 3 所，其中高中 35 所、初中 186 所，在校生 233469 人，较 2014 年增加 2703 人，其中高中生 83276 人、初中生 150193 人，专任教师 14359 人，较 2014 年减少 43 人，其中初中专任教师 10269 人、高中专任教师 4090 人；职业高中 25 所，在校生有 13772 人，较 2014 年减少 804 人，有专任教师 751 人，较 2014 年增加 26 人；特殊教育学校 10 所，在校生有 1748 人，较 2014 年增加 188 人，有专任教师 64 人，较 2014 年增加 10 人。

2016 年，抚州市教育经费投入达 68.5 亿元；市县开工建设教育重点工程 38 个、标准化建设项目 1004 个。临川、黎川、南丰、金溪、东乡、高新区顺利通过国家县域义务教育基本均衡评估认定，崇仁师范学校升格抚州幼儿师范高等专科学校。高考再创辉煌，江西省理科状元花落抚州，37 人被清华大学、北京大学录取。《品读临川文化》读本正式出版，《直击高考总复习》被列入全国优秀图书。义务教育校长教师交流轮岗被教育部列为全国样板。临川教育集团转型升级，妥善解决原民办代课教师问题，学生防溺水、校园文化建设、"千名教师访万家"等多项工作走在江西省前列。《中国教育报》《中国教师报》《新法治报》等媒体专程到抚州进行系列报道。学校教育总体情况如下：幼儿园 764 所，在园幼儿 108692 人，较 2015 年减少 8159 人，专任教师 5345 人，较 2015 年增加 381 人；普通小学 707 所，在校生 352551 人，较 2015 年增加 3371 人，专任教师 20456 人，较 2015 年增加 287 人；普通中学 221 所，其中高中 35 所、初中 186 所，在校生 228417 人，较 2015 年减少 5052 人，其中高中生 78702 人、初中生 149715 人，专任教师 14209 人，较 2015 年减少 150 人，其中初中专任教师 10125 人、高中专任教师 4084 人；职业高中 24 所，在校生有 7819 人，较 2015 年减少 5953 人，有专任教师 594 人，较 2015 年减少 157 人；特殊教育学校 10 所，在校生有 1983 人，较 2015 年增加 235 人，有专任教师

64 人，无增减。

到 2017 年为止，抚州市教育情况发展良好，在 1978 年，抚州市还在狠抓小学普及教育，大力扫除农村 12~40 周岁的青壮年文盲；20 世纪 80 年代初，抚州市仅有的 186 万平方米校舍就有 30 万平方米为危房。而到 2017 年，抚州市校舍建筑面积已达 480 万平方米，学前教育三年毛入园率达 78.3%，九年义务教育巩固率达 95.1%，高中阶段毛入学率达 90.7%，高等教育毛入学率达 42.7%。高考再创佳绩，46 人被北京大学、清华大学录取，江西省理科状元花落临川第一中学，临川第一中学、临川第二中学蝉联全国百强中学。南城等 6 县高分通过义务教育均衡发展国家评估认定，抚州市成为江西省首批实现县域义务教育发展基本均衡的设区市。崇仁师范学校成功升格为抚州幼儿师范高等专科学校；教育部组织 15 家中央媒体开展的"迎接十九大，教育看变化"活动中，抚州教育受到高度评价。抚州市高等院校情况如表 1-2 所示：

表 1-2　抚州市高等院校情况

| 本科院校 | 高职、大专院校 |
| --- | --- |
| 南昌大学抚州医学院、<br>东华理工大学、<br>东华理工大学长江学院 | 江西中医药高等专科学校、<br>抚州幼儿师范高等专科学校、<br>抚州职业技术学院、<br>抚州广播电视大学 |

## 二、抚州市乐安县教育振兴发展

乐安县在 2017 年继续优先发展教育事业，15 岁以上人口平均受教育年限为 8.66 年。2011 年以后，乐安县先后投入资金 2 亿余元，在城区新建县幼儿园、第四小学、第五小学，改建乐安县第一中学，城区学校得到扩容提质。实施幼儿园建设 74 所，全面改造农村贫困地区薄弱学校 78 所。逐步提高学前教育普及率和教学质量，推进城区义务教育学校扩容，推进义务教育均衡发展和普通高中多样化特色发展。2018 年落实"零收费"政策义务教育免费提供教科书人数近 5 万人；落实对普通高中困难家庭学生提供补助金政策补助人数 2100 多人次；实施农村义务教育阶段学生营养改善计划工程，受惠学生近 3 万名。学前教育三年行动计划、农村贫困地区薄弱学校改造等有力实施，基本解决了小学、初中寄宿生住宿问题，大大提升了乐安县教育水平。

## （一）学前教育

2017 年乐安县共有幼儿园 54 所，分别为增田小博士幼儿园、牛田明日之星幼儿园、招携中心幼儿园、招携蓝天幼儿园等，幼儿园在园人数 8312 人。图 1-7 表明 2013~2017 年乐安县幼儿园数量在不断提升，平均增长率为 13.75%，在园幼儿数也大致呈现出增长的趋势。

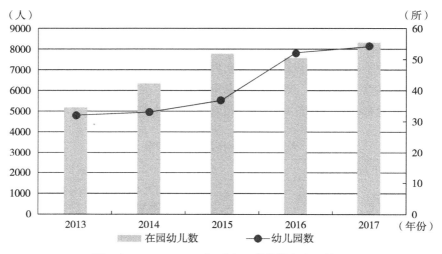

**图 1-7　2013~2017 年乐安县学前教育发展情况**

资料来源：2014~2018 年《抚州统计年鉴》。

## （二）义务教育

为更好地推进义务教育发展，乐安县出台多方文件进行政策保障，如《乐安县城区义务教育中小学招生指导意见（试行）》等，截至 2017 年，乐安县共有小学 52 所，普通初中 19 所。共有在校学生 50169 人，其中，初中学生人数 16147 人，小学生人数 34022 人。小学专任教师人数 1958 人。从图 1-8 中不难发现，乐安县义务教育阶段的小学专任教师数以及小学数均保持较为平稳的状态，但是从在校学生数来看，2017 年在校学生数变动幅度较大，由 2016 年的 35275 人降为 2017 年的 34022 人，小学教育的师生比为 1：17.14。

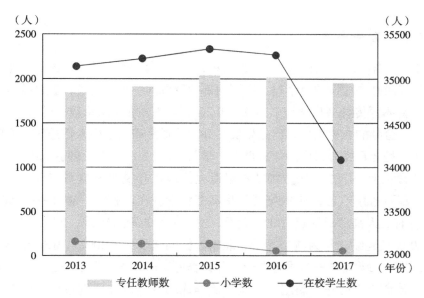

**图 1-8 2013~2017 年乐安县义务教育小学发展情况**

资料来源：2014~2018 年《抚州统计年鉴》。

由图 1-9 可知，乐安县义务教育初中阶段的在校学生数于 2013~2017 年保持较为平稳的增长，但是初中学校数在 2017 年发生了较大的变化，由 2016 年的 14 所，增加到 2017 年的 19 所。

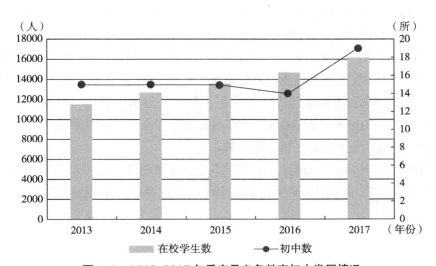

**图 1-9 2013~2017 年乐安县义务教育初中发展情况**

资料来源：2014~2018 年《抚州统计年鉴》。

## （三）高中教育

乐安县第二中学是一颗教育的明星，它头顶无数桂冠——省重点建设中学、省优质高中建设项目学校、中国西部教育顾问学校、省现代教育技术示范学校、省体育传统项目学校、市文明单位；这是一所充满希望和魅力的学校，它承托了全县的教育重任，已是乐安县办学质量最高、学生人数连年上升的大型学校，是老百姓心目中的"省重点中学"；这更是一所善于创造成绩的学校，乐安教育史上一个个优秀成绩从这里诞生。1995 年高考易斌勇夺全市理科第一名、江西省第八名，1996 年董俊华高考数学获江西省唯一满分——150 分，2003 年有三人高考成绩超过北京大学、清华大学录取分数线，2003 年、2004年、2005 年连续三年为清华大学、北京大学输送学生。2007 年乐安县第二中学又为北京大学输送一名优秀学子，并为香港城市大学输送了一名学生，开创了乐安教育历史的一个新纪元。这些优异成绩令全市许多省重点中学羡慕不已。截至 2017 年乐安县有 2 所高中，分别为乐安县第一中学和乐安县第二中学，普通高中学生在校人数有 6127 人。

## （四）职业教育

江西省乐安县职业中学创办于 1981 年，前身为乐安县第三中学，1984 年9 月正式更名为乐安县职业中学，是一所公办职业中学。乐安县现代高级职业中学创办于 2005 年，是县委、县政府引进外商创办的一所民办职业中学。根据乐安县人民政府《乐安县职业教育资源整合规划》及江西省教育厅等五部委《关于印发〈江西省中等职业教育资源整合规划方案表〉的通知》文件精神，乐安县职业中学和乐安县现代高级职业中学自 2015 年开始实行资源整合，两校合并办学。2019 年 2 月 21 日，经江西省教育厅会议研究及网上公示，乐安县职业中学被认定为省级达标中职学校。

如图 1-10 所示，在 2014 年乐安职业教育学校的学生数以及专任教师数出现了骤降并在之后保持了多年的平稳变化，2017 年乐安县职业教育师生比为1∶17.77。

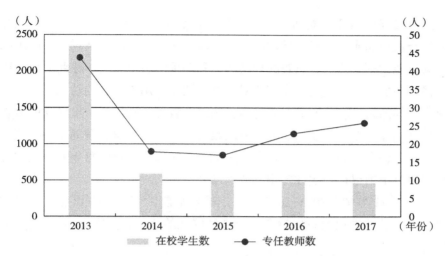

**图1-10　2013~2017年乐安县职业教育发展状况**

资料来源：2014~2018年《抚州统计年鉴》。

## 三、抚州市广昌县教育振兴发展

2017年，广昌县的教育事业蓬勃发展。坚持教育优先发展的战略，不断加大教育投入力度，全面推进教育发展"两步走"战略，深化教育领域综合改革，大力促进教育公平，取得了一系列成绩。一方面，抓教育基础设施的改善。近几年来，通过上级支持、县级自筹、社会捐赠，不断完善校园基础设施建设，配备配齐了现代教学仪器设备。另一方面，提升教育教学质量，极力营造浓厚的尊师重教的社会氛围，广昌县的教育水平逐年稳步提高，2017年，以江西省第三名的成绩提前一年通过了"义务教育发展基本均衡县"省级评估及国家认定。2014年，广昌县第一中学张子奇夺得江西省高考理科状元。广昌县教育普及程度明显提高，城乡九年义务教育全面实现，人民受教育程度大幅提升。广昌县高中段毛入学率为89.4%，初中适龄人口入学率为100%，小学适龄儿童入学率达100%。广昌县6岁及以上人口平均受教育年限达8.92年，15岁及以上人口平均受教育年限为8.98年。

### （一）学前教育

一直以来广昌县重视学前教育的投入，改善县区学前教育发展条件，优化教育网络布局，扩大优质教育资源，有效地解决城区幼儿"入好园难"的问题。广昌县投资新建公立幼儿园，项目建成后进一步促进县区完善城市功能，不断提升城市品质，这对于推动广昌县幼教事业科学发展、增强县区的承载能力和集聚能力都具有十分重要的现实意义和深远的历史意义。除此之外，广昌县严格遵照学前教育资助程序完成对全县在园家庭困难儿童的幼儿资助中央奖补资金，学前教育幼儿资助对象为经县级以上教育行政部门审批设立的普惠性公、民办幼儿园在园就读的 3~6 周岁困难幼儿。广昌县学生资助中心按照"公平、公正、公开"的原则，对符合认定标准的家庭，以每生每年 600 元的资助标准，通过中国银行一次性转账发放资助金。

由图 1-11 可知，2013~2017 年，广昌县学前教育学校数量变化幅度较为和缓且在园幼儿数也大致保持在一个平稳发展的状态，但在 2016 年出现了一个低谷。

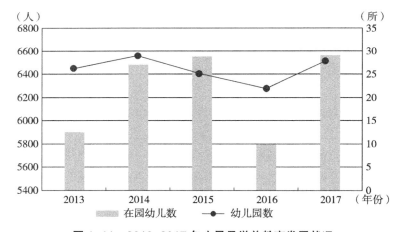

**图 1-11　2013~2017 年广昌县学前教育发展状况**

资料来源：2014~2018 年《抚州统计年鉴》。

### （二）义务教育

2017 年，广昌县共有小学 25 所，普通初中 14 所。共有在校学生 29168 人，其中，初中学生人数 9066 人，小学生人数 20102 人。小学专任教师人数 1297 人。

从图 1-12 可知，广昌县义务教育阶段的小学数量由 2013 年的 30 所降至 2017 年的 25 所，减少了 5 所小学，但是在校学生数虽变化平稳却在不断增加，专任教师数也在不断增长，2017 年师生比为 1∶15.51。

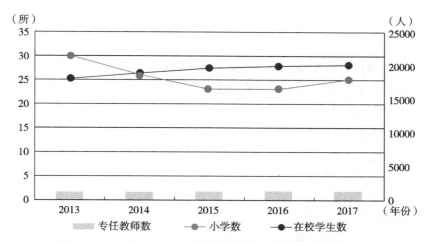

**图 1-12 2013~2017 年广昌县义务教育阶段小学发展状况**

资料来源：2014~2018 年《抚州统计年鉴》。

在图 1-13 中，发现 2016 年广昌县义务教育阶段初中数发生了较大的变化，由 2016 年的 7 所突然增加到 2017 年的 13 所，大大提升了初中阶段的学生容纳量。

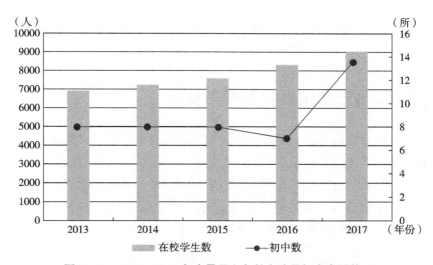

**图 1-13 2013~2017 年广昌县义务教育阶段初中发展状况**

资料来源：2014~2018 年《抚州统计年鉴》。

### （三）职业教育

广昌县拥有一所职业教育学校，从图 1-14 中发现，2013~2017 年，广昌县职业学校学生数逐年减少，但在 2017 年略有回升，专任教师数也在不断变化，目前的师生比为 1：4.04。

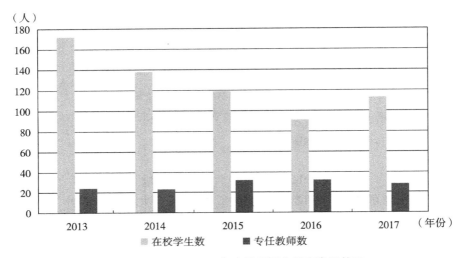

图 1-14　2013~2017 年广昌县职业教育发展状况

资料来源：2014~2018 年《抚州统计年鉴》。

## 四、抚州市南城县教育振兴发展

南城县教育源远流长，积淀深厚。据《建昌府志》记载，南城县于唐代照诏立庙，创办县学，涌现了众多的历史名人。中华人民共和国成立后，南城县教育经历了发展，也历经了曲折。自改革开放以来，南城县教育发展迅猛，教育工作取得了许多辉煌的成就。进入 21 世纪，县委、县政府审时度势，提出了"科教强县""实现南城经济社会赶超发展"的战略目标，并就南城县教育提出了"做大、做强、做特、做优"的发展思路，不断加大教育投入，优化教育环境，促进教育更好、更快地发展。近年来，南城县秉承"办好人民满意教育"的宗旨，坚持依法治教，多面实施素质教育，不断深化教育改革，强化教育教学管理，办学效益和教育质量得到了多面提高，从而开启了南城县教育改革与发展的新里程。其教育事业蓬勃发展，教育资源优化，逐年实施了义务教育学校建设，顺利通过国家义务教育发展基本均衡县评估认定，南城县第一中学、南城县第二中学、实验中学等成为省市重点学校。南城县泰伯学校的建设填补了城北中小学教育的薄弱区。学校建成投入使用后，进一步完善了城区中小学校布局，解决了城北及周边居民子女就近入学的迫切需求，缓解了城区学校办学压力，为南城县教育均衡发展、化解城区"大班额"现象奠定了坚实的基础。

## （一）学前教育

2017年，南城县共有幼儿园61所，幼儿园在园人数为7259人，从图1-15可以发现，南城县的在园幼儿数逐年降低，但是幼儿园数量却在不断增加，平均每所幼儿园所承载的幼儿数为119人。

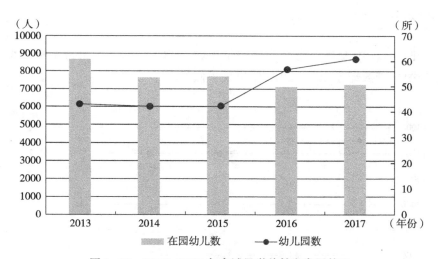

**图1-15　2013~2017年南城县学前教育发展状况**

资料来源：2014~2018年《抚州统计年鉴》。

## （二）义务教育

2017年，南城县共有小学70所，普通初中13所。共有在校学生43571人，其中，初中学生人数12495人，小学生人数31076人。小学专任教师人数1685人。

从图1-16可知，小学学校数在2016年发生了一个极大的变化，学校数量由2015年的107所下降到2016年的70所，减少了37所，教师和学生数量保持了平稳变化，师生比为1∶18.44。

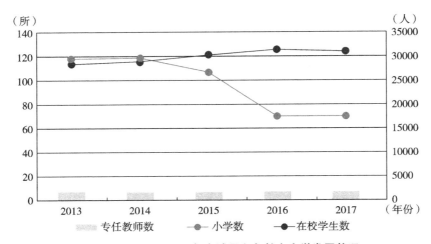

**图 1-16  2013~2017 年南城县义务教育小学发展状况**

资料来源：2014~2018 年《抚州统计年鉴》。

从图 1-17 中发现，南城县初中学生数在 2013~2017 年保持了平稳增长，但是初中学校数却在 2015~2016 年出现了低谷。

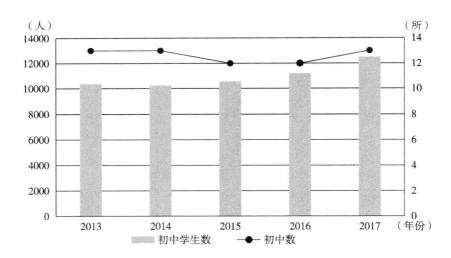

**图 1-17  2013~2017 年南城县义务教育初中发展状况**

资料来源：2014~2018 年《抚州统计年鉴》。

## （三）高中教育

2017 年，南城县有 3 所高中，分别是南城县第一中学、南城县第二中学和实验中学，普通高中学生在校人数有 6360 人。

### （四）职业教育

2017 年南城县有职业高中 2 所，在校学生数为 686 人，职业高中专任教师 40 人。从图 1-18 可得，南城县职业中学的学生数在 2013~2016 年保持平稳增长，但在 2017 年略有下降，专任教师数在 2014 年达到了一个小高峰，数量为 64 人，此后保持了平稳趋势，2017 年的师生比为 1：17.15。

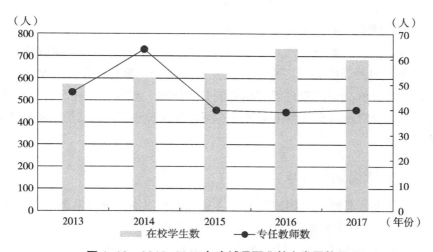

图 1-18　2013~2017 年南城县职业教育发展状况

资料来源：2014~2018 年《抚州统计年鉴》。

## 第四节　吉安市与典型县（市）教育振兴发展

### 一、吉安市吉安县教育振兴发展

一直以来，在上级党政和有关部门的关心指导下，吉安县坚持以"办人民满意的教育"为目标，加大教育投入，着力提高教育发展水平，教育事业呈现出良好的发展态势，取得喜人成果。吉安县先后获得国家义务教育基本均衡发展县、全国区域推进义务教育均衡发展研究工作先进单位、江西省教育工作先进县、江西省义务教育均衡发展示范县、江西省责任督学挂牌督导创新县、吉安市德育工作先进单位、吉安市第九届文明单位等荣誉。

## (一) 积极推进建管改革，促进学前教育健康发展

### 1. 建立健全学前教育管理体系

吉安县建立了县政府主导，教育行政部门牵头，工商、民政、公安、卫计、财政、人社、编制、规建、宣传等有关部门分工负责的学前教育管理体制，明确了相关职能部门工作职责。吉安县建立了学前教育部门联席会议制度，定期研究解决学前教育发展面临的各类问题。教育、卫计、公安、交通、物价、人社、财政、安监等相关部门依据各自职能分工，切实加强对幼儿园的指导和管理。

### 2. 丰富学前教育资源网络

第一，加大县城幼儿园建设力度。通过争取上级资金和县财政投入方式，投资 3000 多万元在县城北教育园区内新建神华爱心幼儿园，并对县保育院、实验小学幼教部进行扩建。积极鼓励个人投资兴办幼儿园。近年来，县城新增 5 所起点较高、条件较好的民办幼儿园。2017 年引进北京红缨教育集团在县物流园高标准建设一所民办幼儿园，项目占地 20 亩，建筑面积 6000 平方米，预计投资 5500 万元，项目建成后可满足 360 名幼儿就读。

第二，大力发展乡镇中心幼儿园。吉安县人民政府制定了乡镇中心幼儿园建设规划，成立了乡镇公办中心幼儿园建设领导小组，采取新建改建等办法，通过向上争资争项和县财政投入等方式，积极推进一乡镇一公办中心幼儿园建设。全县投资 8000 余万元新建、改建 19 所乡镇公办中心幼儿园，乡镇公办中心幼儿园实现了全覆盖。同时，为加强乡镇公办中心幼儿园管理，吉安县教育局出台了《吉安县公办幼儿园管理办法（试行）》，由乡镇中心小学负责管理，选派园长。将乡镇公办中心幼儿园纳入办园行为督导评估范围，定期开展督导。

第三，积极发展村级幼儿园。为让广大幼儿就近入园，多措并举发展村级幼儿园。县政府制定了村级幼儿园发展规划，把发展村级幼儿园作为美丽乡村建设的重要内容，按照国家、江西省有关农村幼儿园建设标准，采取公办、民

办、村集体办园等多种形式，利用农村中小学网点布局调整后富余校舍改建村级幼儿园，全县村小附属幼儿园达 35 所。

第四，大力扶持民办幼儿园发展。吉安县出台了《吉安县民办幼儿园"以奖代补"实施办法》，从 2011 年开始，对被评为县级优秀的民办园由县财政一次性奖励 10000 元，良好的一次性奖励 6000 元，主要用于改善办园条件，提高办园质量，共补助 71 所民办园，发放补助资金 49 万元。自 2011 年以来，共争取省级以上专项资金 209 万元，帮助全县 115 所办园较规范的民办园添置保教设备，改善办园条件，受益幼儿达 12000 余人。

### 3. 加强学前教育综合监管

第一，实行年检制度。教育部门制定了民办幼儿园年检方案，每年 12 月实行分级年检制度，即乡镇民办幼儿园由当地政府组织年检，县城民办幼儿园由教育行政部门年检，年检结果在吉安县教育网公示，接受社会监督。

第二，加强督导评估。教育主管部门将学前教育列入学年度办学水平评估内容，制定了公、民办幼儿园评估细则，纳入中小学办学水平评估范围。每年 6 月进行评估，评估结果分为优秀、良好、合格、不合格，对评估不合格的幼儿园，取消其办园资格。

## （二）推进城乡一体化改革，力促义务教育高位均衡

### 1. 大力扩充义务教育资源

第一，实施大校额和大班额消除规划。2015 年末，为切实解决县城学校大班额问题，县政府制定了《吉安县义务教育学校布局规划（2016～2020 年）》，对学校网点进行科学布局，计划投资 2 亿元在县城再新建 2 所小学，扩建现有 2 所小学和 3 所中学，并纳入 2017 年和 2018 年县重点工程调度项目，目前，扩建项目陆续完工并投入使用，2019 年全部投入使用。

第二，实施学位扩充计划。县政府下发了《关于调整县城乡建设规划委员会成员单位的通知》，将教育局列入县城乡规划委员会成员单位。投资约 1 亿元建设县城城东、城西两所小学，于 2019 年秋季开学，新增学位 5000 个。同时，城关第一小学扩建和海尔小学、文山学校、城关中学新建教学楼工程已完工，增加学位 2500 个。同时，2017 年至今先后投入 3000 万元，为永阳中心小学、固江中心小学、万福中心小学、凤凰中心小学、永和镇张巷小

学、敦厚镇高塘小学、北源中学等学校新建教学楼 2.4 万平方米，增加学位 2500 个。

### 2. 推进义务教育标准统一

一是实现学校建设标准统一。2011 年，吉安县编印了《吉安县普通小学、初级中学、高级中学建设标准（试行）》，对全县城乡义务教育学校建设标准进行了统一。二是实现县域内教师编制标准统一。2018 年 3 月，县教育等相关部门对县域内中小学教职工编制工作进行了专题调研，按师生比标准，测算出各学段编制数，全县共需编制数为 4815 人，而现有编制 3774 人，缺编 1041 人，遂决定向县政府提交编制调剂方案。三是实现县域内生均公用经费基准定额统一。四是实现县域内基本装备配置标准统一。吉安县义务教育学校教育技术装备基本实现按省颁标准配备。

### 3. 实施乡村教育振兴计划

第一，推进农村学校温暖工程，积极实施村小食堂卫生达标改造工程，投入资金 300 万元，分三年完成，每年改造 30 所。积极推进"冷改热"工程，为 10 余所学校安装了空气节能热水器，让农村学校 50% 以上的学生用上了热水。营养餐改善计划全面落实，投入 3395 万元，新建学校食堂，建筑面积达 27404 平方米；投入 100 余万元统一采购学校食堂近 800 件厨用设备；学校自筹资金近 300 万元对食堂基本设施进行了改造完善。吉安县 151 所义务教育阶段学校实现自办食堂为学生提供完整午餐，受益学生为 41136 名。

第二，推进城乡教师交流轮岗工程。2015 年 11 月，县教育等四部门联合下发了《吉安县关于推进义务教育学校校长教师交流轮岗工作的实施办法（试行）》。2015 年城镇学校和优质学校到乡村学校交流轮岗教师有 148 人，其中骨干教师为 50 人，占交流人数的 33.8%。2016 年交流教师 126 人，其中骨干教师为 43 人，占交流人数的 34.1%。2017 年交流教师 140 人，其中骨干教师为 48 人，占交流人数的 34.3%。

### （三）关心关爱特殊教育，确保教育一个都不能少

#### 1. 建设特殊教育学校新校区

为改善特殊教育学校办学条件，2011 年，吉安县规划投资 800 万元在县

城中心最好地块新建一所特殊教育学校，为该县残疾孩子提供了一座功能齐全、设施完备、条件较好的新学校。目前，学校在校生达150余人。

### 2. 建立特殊教育经费保障机制

为切实保证特殊教育事业健康发展，自2008年以来，吉安县共投入特殊教育事业经费近3000万元，并免费向在校残疾少儿提供教科书。从2011年开始，按义务教育阶段普通学校的6倍标准拨付生均公用经费，用于特殊教育学校改善办学条件，完善适合残疾人学习、生活特点的场所和设施。同时，逐步提高特殊教育学校寄宿生生活补助标准，由2008年的375元／（生·学期）提高到现在的小学475元／（生·学期）、初中600元／（生·学期）。

### 3. 积极开展送教上门改革

为让重度残疾儿童少年在家也能受到教育，吉安县先行先试，于2015年开始在江西省率先启动特殊教育送教上门改革试点。建立了以"县特教学校为主体、乡镇学校参与、康复机构协助"的医教结合送教工作机制，实施片区负责制，由县特殊教育学校教师、乡镇中心小学分管副校长和年轻且有爱心的教师组成的若干个送教小组，分片区开展送教工作，每两周一次。目前，有39名重度残疾儿童少年纳入送教对象。送教上门对象全部纳入学生学籍管理，为每人建立档案。

## （四）积极推进品牌建设，努力创建高中教育强县

### 1. 政府高位推动

吉安县始终把高中教育作为促进经济社会发展的基础性事业来抓，纳入经济社会发展规划，列入政府工作重要议事日程。成立以县政府县长为组长的省级示范性高中建设领导小组，建立党政领导班子成员和部门联系挂帮学校制度，为学校解难题、办实事，促进吉安县高中阶段教育快速发展。

### 2. 政策优先支持

县政府先后出台了《关于加快我县高中教育发展的意见》等文件，为高中教育发展提供了政策支持和制度保障。建立普通高中生均拨款制度，按每生每

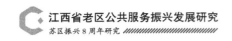
年600元标准拨付给公办高中。积极化解高中学校债务，出台了化解高中学校债务意见，列入财政预算，分年度实施，2017年县财政投入6000万元化解高中学校债务，有效减轻了办学负担。

### 3. 推进品牌战略

近年来，吉安县大力推进高中教育品牌战略，要求各高中学校因校制宜，走特色办学之路。吉安县立中学瞄准江西师范大学附属中学、南昌市第二中学等目标，争创全国百强高中；吉安县第二中学突出"四要"办学特色（德育为首要，教学为重要，管理为必要，体艺为需要），乘势而上，努力实现"县里有竞争力，市里有知名度，省里有影响力"目标；吉安县第三中学按照"一年开局发展、三年成型创特"的思路，完善基础设施，健全师生队伍，提升管理水平。

## （五）大力推进改革创新，构建现代职业教育体系

为深化职业教育改革，构建现代职业教育体系，2014年，吉安县立足职业教育现状，主动转向，大胆改革，建立了职业教育联席会议制度，成立了以县委书记为组长的职业教育工作领导小组。将公办县职业中等专业学校交由吉安华忆职业教育集团托管，实现"一校二部、民办公助"的形式，构建了全新的职业教育办学模式。

### 1. 大胆创新职业教育发展路径

第一，创新财政投入机制。吉安县通过财政奖补和向上争资等办法，对吉安华忆职业教育集团自行投资规划建设的合格项目，由县财政给予20%的配套资金。2017年，吉安华忆职业教育集团加大硬件建设力度，大手笔投入，高品位规划，除完成科技大楼和400米标准塑胶跑道两大工程外，还积极投入资金近100多万元实施了校园环境提升工程。

第二，创新师资保障方式。吉安县积极创新职业学校师资支持方式，给予吉安华忆职业教育集团公办教师编制40个。招聘的教师，在职称评聘、工资、社保等方面享受与公办教师同等待遇。开通公办教师到吉安华忆职业教育集团任教的绿色通道，对经批准到吉安华忆职业教育集团任教的教师，其身份、编制、岗位不变，工资、福利等由吉安华忆职业教育集团发放，工龄连续计算。从2014年起，县财政按每人每月350元的标准为吉安华忆职

业教育集团教师补助部分工资，且养老保险、医疗保险享受与公办教师同等待遇，2015 年至今已拨付补助资金 500 多万元，有效稳定了学校师资。

### 2. 实施职业教育发展千人计划

为发挥职业教育扶智作用，吉安县将职业教育与致富相结合，积极实施两个千人计划。一是千人普惠计划。实施职业教育券政策。对吉安县户籍且在县内初中学校毕业的困难学生报考就读吉安华忆职业教育集团的，按每人 1000元标准一次性发放职业教育券补助。二是落实雨露计划。对在吉安华忆职业教育集团就读的本县户籍的困难学生每人每年补助 3000 元。落实国家免学费政策，经管类专业的学生享受每人每年 2000 元的免学费补助；工科类专业的学生享受每人每年 2500 元的免学费补助。

### 3. 积极破解职业教育招生难题

近年来，吉安县坚持推进普通高中和中等职业教育协调发展，积极调控职普招生比，努力保持普通高中和中等职业教育招生规模大体相当。创新实施职业教育券政策，对本县户籍且在本县初中学校毕业后报考就读吉安华忆职业教育集团的学生发放职业教育券，学生凭券可一次性抵扣学杂费 1000 元，以鼓励更多的初中毕业生就读职业学校，2014 年以来累计发放职业教育券补助资金 246.7 万元，受益学生 2467 人。将中职送生责任落实到各初中学校，实行校长负责制，列入办学水平评估考核内容。

### 4. 不断创新职业教育校企合作方式

近年来，吉安县积极推进职业学校与企业、校长与厂长、教室与车间、专业与产业、教师与师傅"五对接"，促进校企紧密合作。2014 年率先在全市成立了以华忆职业学校为主体，政府有关部门参与，园区 100 余家企业参加的吉安华忆职业教育集团。华忆职业教育集团与园区企业建了机械模具、汽车维修、电子商务等专业实训基地。立足于吉安县电子信息主导优势产业，建立了以集团企业为主导，园区多家企业共同参与的机电一体化、数控技术、电子商务等专业建设委员会。依托集团，学校实行订单教育，为企业定向培养人才。据不完全统计，近三年学校毕业生有 2000 多人在园区就业，大部分在技术岗位和管理岗位。

# 二、吉安市吉水县教育振兴发展

## （一）学前教育

2017年，吉水县共有幼儿园216所，幼儿园在园学生数为15793人，专任教师人数为796人。从图1-19可知，2013~2017年吉水县学前教育学生数呈现出先增长后下降的特点，在2017年出现了较大的变化，即人数由2016年的18106人降至2017年的15793人，目前师生比为1∶18.84。

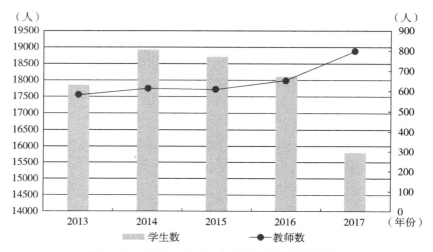

图1-19　2013~2017年吉水县学前教育发展状况

资料来源：2014~2018年《吉安统计年鉴》。

## （二）义务教育

2017年，吉水县共有义务教育学校240所，其中，小学214所，普通初中26所。共有在校学生人数70414人，其中，小学学生为50266人，初中学生为20148人。共有专任教师3418人，其中，小学专任教师为1954人，初中专任教师为1464人。截至2017年，吉水县青壮年文盲率已经控制在1%之内。

由图1-20、图1-21可知，目前吉水县义务教育阶段不管是小学学生数还是初中学生数均保持平稳增长，且中小学专任教师数量也保持平稳发展的趋势。小学师生比为1∶25.72，初中师生比为1∶13.76。

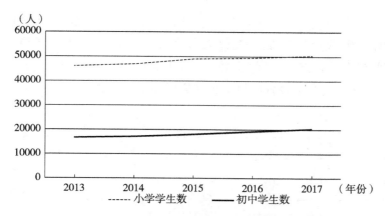

**图 1-20 2013~2017 年吉水县义务教育学生数发展状况**

资料来源：2014~2018 年《吉安统计年鉴》。

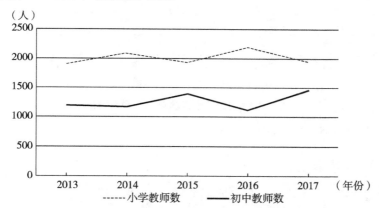

**图 1-21 2013~2017 年吉水县义务教育专任教师数发展状况**

资料来源：2014~2018 年《吉安统计年鉴》。

## （三）高中教育

2017 年吉水县共有高中学校 4 所，分别为吉水中学、吉水县第二中学等，在校学生人数为 8702 人，专任教师人数为 538 人。其中吉水中学连续获得"吉安地区星级学校""吉安地区德育示范学校""吉安地区文明单位""江西省体育传统项目先进学校""江西省现代教育技术示范学校"等光荣称号。自恢复高考中考以来，先后为国家输送人才 2 万余人，被大中专院校录取 5400 余人，被重点院校录取 830 余人，其中被清华大学录取 11 人，被北京大学录取 8 人，考取中国科学技术大学、中国人民大学、复旦大学等知名大学的学生共 200 余人。

图 1-22 表明，2013~2014 年吉水县高中教育学生数每年增长，但是 2017 年的学生数突然降低，教师人数在 2013~2016 年呈下降趋势，但在 2017 年略有上升。2016 年师生比为 1∶17.41，2017 年师生比为 1∶16.17，比例更加合理，提升了教育质量，也减轻了教师的工作负担。

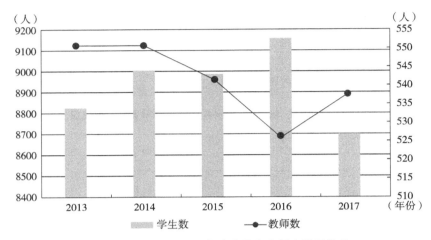

图 1-22　2013~2017 年吉水县高中教育发展状况

资料来源：2014~2018 年《吉安统计年鉴》。

### （四）特殊教育

吉水县特殊教育学校，是吉水县唯一一所集听障、智障、自闭症等多类残疾学生接受义务教育的九年一贯制公办寄宿学校。该学校于 2007 年 7 月谋划、筹备和宣传，于 2007 年 9 月份在吉水县进修学校租了 3 间教室开始办学，2010 年落户现校址吉水县窑里新村。学校位于吉水县城东，交通便利，环境幽雅。校园面积 15 亩，建筑面积 5100 平方米，至 2010 年底，综合楼、康复楼主体工程已全部完工，中央专项建设资金 300 万元及 80 万元各类教学康复器材全部到位。学校布局合理，功能齐全，除教室、宿舍、餐厅等必备的用房外，还有语言室、律动室、康复训练室等教学辅助用房；并设有校长室、教务处、总务处、办公室等教育教学管理机构。

建校之初，学校只有特殊教育专业教师 1 名，其他教师都是从普通学校调来经短期培训上岗的，学生也只有 12 人，分培智、启音两个教学班。2017 年，吉水县特殊教育学校的在校学生人数为 116 人，专任教师人数为 13 人。

### （五）职业教育

2018 年，吉水县有普通中等职业学校 3 所，专任教师 93 人，在校学生 2178 人；普通中学 31 所，专任教师 2131 人，在校生 21917 人，高中专任教师 570 人，在校学生 9664 人；普通小学 69 所，教学点 148 个，专任教师 1910 人，在校生 48826 人；幼儿园 284 所，专任教师 853 人，在园幼儿 18649 人；特殊教育学校 1 所，专任教师 12 人，在校生数 352 人。青壮年文盲率已控制在 1% 以内。截至 2018 年，学前三年毛入园率达到 89.2%。实施农村义务教育家庭经济困难寄宿生生活费补助提高计划，七年来受益学生 23058 人次。七年完成教育投入突破 30 亿元，思源学校、教育园区等相继建成，申浩实验学校、外国语学校等一批民办学校相继落户。每年通过考试单独招聘教师，充实了全县尤其是农村的师资力量，并在教育系统开展了硕士研究生直聘，引进了一批高学历人才。恢复和新建村小教学点 46 所，实施边远地区教师特殊津贴全覆盖，教育质量显著提高。

## 三、吉安市安福县教育振兴发展

2013~2018 年，安福县总计投入全面改薄建设资金约 2 亿元（含县配套及标准化），新建改造校舍面积 16.3 万平方米，极大改善了农村小学办学条件。全县消除了 D 级危房，城乡学校硬件设施差距正在缩小，校园面貌发生了根本性变化，所有学校基本达到"20 条底线"要求。完成建设小学、初中宿舍 6.03 万平方米、食堂 4.39 万平方米，建设教师周转宿舍 200 套约 0.8 万平方米，基本解决了安福县小学、初中寄宿生问题。2011 年争取国家资金 8324.61 万元，全部化解了安福县普通高中债务。自 2012 年以来，下达安福县普通高中专项资金 3300 万元，对安福中学、安福第二中学、安福第三中学实施了提升改造，县财政投入 1 亿元，对安福中学、安福第二中学进行了扩容改造，新建了安福中学综合楼、学生宿舍、文体中心，对两所学校校舍立面、运动场、道路等进行了提升改造。

安福县从 2013 年 9 月开始启动第一届名教师和名校长评选。第一届评选名教师 17 名，其中高中 6 名、初中 6 名、小学 5 名；评选名校长 4 名。第二届评选名教师 16 名，其中高中 4 名、初中 6 名、小学 6 名；评选名校长 4 名。2019 年正启动第三届名教师名校长评选。安福县荣获市级第一届名教师1名，第二届名教师5名，第二届名校长2名。安福县积极深化中小学教师职称和考核评价制度改革。适当提高中小学中级、高级教师岗位比例，凡在村小、教学点连续任教满8年申报中级职称、满15年申报高级职称的教师，只要符合基本条件，经考核合格，可享受相应的中、高级职称工资待遇，一经调离村小、教学点，职称工资待遇取消。2015~2018年，安福县享受中级职称待遇8人，其中2015年6人、2016年1人、2018年1人；享受副高级职称待遇79人，其中2015年35人、2016年12人、2017年18人、2018年14人。对在艰苦边远地区农村学校任教累计满25年且仍在农村学校任教的教师，在本地本校没有相应空缺岗位的情况下，可不受岗位结构比例限制申报评聘相应专业技术岗位层级的起点等级，2018年享受这一政策申报相应岗位资格的有17人。

安福县虽然在教育方面成就颇多，但仍旧存在着许多问题：

（1）学前教育公办教师编制过少，公办幼儿园占比较低，小区配套幼儿园移交困难，对查处无证民办园没有强制执法力，导致学前教育质量不高，管理困难。

（2）由于资金问题，教育城域网建设推进缓慢，未达到省市建设进度要求。

（3）虽然安福县小学、初中寄宿生问题基本得到解决，但近几年乡镇寄宿学生逐年增加，生均食堂、宿舍面积越来越小，离省基本办学条件标准差距越来越大，大部分学校食堂、宿舍明显不足，急需新建食堂和宿舍。随着寄宿制学校学生数量的增加，教师也需要相应补充，教师周转宿舍也同样需要扩建。

（4）安福中学、安福第二中学分别为省、市重点中学，近几年，安福中学实施了一期、二期改造计划，安福第二中学也即将新建综合楼、学生宿舍、体艺中心等，总投资1.3亿元，但近几年安福县财政越来越紧张，资金存在不足问题。

## 四、吉安市峡江县教育振兴发展

峡江县2018年有高中1所，初中9所，九年一贯制学校3所，小学21所，教学点54个。在校学生26812人，其中，高中学生3003人，初中学生7463人，小学学生16334人，特殊学校学生12人。峡江县教师总数1907人，其中，高中教师211人，初中教师527人，小学教师906人，幼儿园教师263人。教育事业均衡发展，普通高考一本上线人数创历史新高，二本上线率列全市第二，县职业中专完成提升改造，11 所农村中小学校提升改造有序推进，乡镇中心幼儿园实现全覆盖。

表 1-3 表明了峡江县 2018 年的师生比例数，其中中专、初中、高中教师的工作任务较为轻松，幼儿园教师工作任务较为繁重，每名教师平均要负担 21.46 个学生。

表 1-3  2018 年吉安市峡江县各类学校教育基本情况

单位：人

| 指标 | 在校学生数 | 专任教师 | 平均每个教师负担学生数 |
|---|---|---|---|
| 幼儿园 | 5645 | 263 | 21.46 |
| 小学 | 16334 | 906 | 18.03 |
| 初中 | 7463 | 527 | 14.16 |
| 高中 | 3003 | 211 | 14.23 |
| 中专 | 584 | 57 | 10.25 |

资料来源：2014~2018 年《吉安统计年鉴》。

# 第二章

## 江西省老区体育振兴发展

## 第一节　体育概念及分类

体育是一种复杂的社会文化现象，它以身体与智力活动为基本手段。体育是根据人体生长发育、技能形成和机能提高等规律，达到促进全面发育、改善生活方式、提高身体素质与运动能力的一种有意识、有目的、有组织的社会活动。本章通过对赣州市的大余县、崇义县、会昌县，抚州市以及吉安市的吉水县、井冈山和安福县具有代表性的三市六县的体育振兴发展进行调研，总结出其基本特征，以促进江西省老区体育事业振兴发展。

### 一、体育产业前景

伴随我国人均 GDP 和居民收入的不断提升，消费升级推动健康娱乐等现代服务需求增长，体育产业作为现代服务业重要内核面临很多的发展机遇。我国目前体育产业化程度较低，数据显示，2013 年，我国体育产业增加值为 3136 亿元，占 GDP 比重的 0.6%，仅为美国的 1/4，体育总产值为美国的 1/10，人均体育产值为美国的 1/40。简单数据对比，不难发现中国体育产业规模尚小，在国内经济结构转型、新型城镇化、消费升级的大背景下，体育产业对经济发展的推动日益重要，未来体育产业必将迎来黄金发展期。

前瞻产业研究院发布的《2014—2018 年中国体育产业市场前瞻与投资战略规划分析报告》显示，在 2010 年之前，我国针对体育产业化的政策基本处于空白状态。在 2010 年，体育产业化政策开始迎来曙光。2011 年，《体育事业发展"十二五"规划》也指出大力发展群众教育和体育产业化，中国体育产业化迎来政策性放开。

2010 年，国务院办公厅发布《国务院办公厅关于加快体育产业的指导意见》（以下简称《指导意见》），《指导意见》从国家政策层面肯定体育产业在社会经济中的重要作用；提出大力发展体育健身市场、开发体育竞技和体育表演市场、培育体育中介市场、做强体育用品业、促进体育服务贸易、推进体育同相关产业互动发展；特别提出加大投融资支持力度，包括拓宽体育产业发展资金来源渠道，支持有条件的体育企业进入资本市场融资，鼓励民间和境外资本投资体育产业、探索体育彩票市场发展规律、鼓励社会力量设立体育类基金会等。在《指导意见》发布后，地方体育产业政策陆续出台，引导资金设立以及体育企业各项金融税收政策实施，有效推动各地体育产业发展。

在 2011 年，国家体育总局发布《体育事业发展"十二五"规划》（以下简称《规划》），《规划》细化体育产业发展目标、主要任务和主要措施。《规划》首次明确提出体育产业发展量化指标，产业增加值年均增长 15% 以上，到"十二五"期末，体育产业增加值超过 4000 亿元，占 GDP 比重超过 0.7%，从业人员 400 万人。体育产业成为国民经济的重要增长点。在国家政策、地方政策的支持下，体育产业将呈现爆发式增长。

## 二、体育分类

### （一）大众体育

大众体育也称"社会体育"和"群众体育"，是为了娱乐身心，增强体质，防治疾病和培养体育后备人才，在社会上广泛开展的体育活动的总称。其包括职工体育、农民体育、社区体育、老年人体育、妇女体育、伤残人体育等；主要形式有锻炼小组、运动队、辅导站、体育之家、体育活动中心、体育俱乐部、棋社，以及个人自由体育锻炼等。开展群众体育活动应遵循因人、因地、因时制宜和业余、自愿、小型、多样、文明的原则。广泛开展群众性体育活动，是发挥体育的社会功能，提高民族素质和完成体育任务的重要途径。

### （二）专业体育

专业体育指为了战胜对手，取得优异运动成绩，最大限度地发挥和提高个人、集体在体格、体能、心理及运动能力等方面的潜力所进行的科学的、系统的训练和竞赛，但必须在公平竞争的情况下完成，如果没有公平竞争，就不是真正的竞技运动。专业体育包含运动训练和运动竞赛两种形式。

### （三）学校体育

学校体育指以在校学生为参与主体的体育活动，通过培养学生的体育兴趣、态度、习惯、知识和能力来增强学生的身体素质，培养学生的道德和意志品质，促进学生的身心健康。学校体育是教育的重要组成部分，是计划性、目的性、组织性较强的体育教育活动过程。

# 第二节　赣州市与典型县（市）体育振兴发展

## 一、赣州市体育整体情况

### （一）参战江西省第十五届运动会再续辉煌

2018 年，江西省第十五届运动会在景德镇举办，赣州代表团派出 1980 名运动员参加青少部、社会部、学校部 90 个项目角逐，其中青少部获奖牌 447 枚，金牌总数、奖牌总数超过历届，且均列江西省前三。社会部获奖牌 221 枚，团体总分为江西省第二名，章贡区、于都县还承办了社会部游泳、龙舟比赛。赣州代表团荣获优秀组织奖、体育道德风尚奖，取得了运动成绩和精神文明双丰收，为赣州市赢得了荣誉。同时，赣州市调动 11 个县（市、区）承办江西省运动会社会部赣州选拔赛，吸引、带动群众参与健身活动 20 余万人次。

### （二）体育管理体制改革多点推进

一是智慧体育平台投入试运行。平台融合了赣州市体育场馆、体育社会组织及各类体育项目教练员、裁判员、运动员、社会体育指导员等体育资源大数据，建成后将全面服务体育社会组织及各类健身人群。二是全国首批全民运动健身模范县（市、区）创建工作有序推进。围绕创建标准，市县联动、部门配合，首批推荐的崇义县、章贡区已获准并全力推动创建工作。三是创新路径举办（承办）体育赛事。连续四届办好环鄱阳湖国际自行车赛（上犹站）。引进中奥乐跑（北京）国际体育文化传媒有限公司运营赣江源半程马拉松赛（石城）等赛事。扶持本地体育企业江西博维体育文化发展有限公司运营大余国际山地马拉松赛等赛事。四是充分发挥彩票公益金的引导作用，政府购买服务支持体育社会组织举办赛事（活动）4次，投入资金31.5万元，服务健身群众近3万人次。五是赣州体育中心体育场馆移交工作全面完成。

## （三）体育基础设施建设全面推进

截至2018年，赣州市获上级补助资金5163万元，补助项目148项，储备项目70项，申报各类项目495项。一是赣州市"新时代重走长征路"健身步道率先在全国、江西省启动实施，总规已进入最后的审核阶段。二是34个"十三五"中央专项彩票公益金扶持项目正着力推进，赣州全民健身中心项目已启动实施，国家攀岩训练基地、市老年人体育活动中心等市本级项目正在有序推进，章贡区、赣州经开区全民健身中心等县（市、区）项目正抓紧实施。三是积极融入"现代服务业攻坚战"，10个重点调度的体育类项目开工率为100%，完成投资额115%，达到14.49亿元。43个运动休闲重点招商项目正逐步落地实施。四是国务院拟出台新一轮推动赣南苏区振兴发展的实施意见，对体育的支持力度将进一步凸显赣州市地位。

## （四）公共体育服务能力稳步提升

2018年赣州市开展有影响有规模的群众赛事活动400余项（南康区、上犹县等举办了规模较大的全民健身运动会），参与人数100余万人次，赣州体育中心接待健身人数45万人次，新增市本级体育社会组织3个（共计62个），举办、承办三级以上社会体育指导员、裁判员培训班23个，培训人数1992人，社会体育指导员总数达8496人，赣州市经常参加体育锻炼的人数占全市总人口的33.13%。

## （五）竞技体育发展基础持续夯实

赣州市新注册运动员600余人，总数达2000余人。体操、跳水、攀岩等8个项目已开启"项目进校园"模式，以攀岩为龙头的拳头项目、优势项目正在赣州市层面迅速铺开。赣州市体校以创建省级项目训练基地为目标，各项软

硬件设施达到江西省市级体校一流水平，逐步形成了游泳、摔跤、拳击、武术等优势竞技体育项目。涌现了潘旭华、彭建华、胡彩玲等一批在全国大赛上争金夺银的优秀运动员和教练员。

### （六）体育产业融合发展再创新高

一是支持定南县探索足球项目改革，以政府购买服务的方式引进有实力的体育民营企业，打造足球项目省级后备人才训练基地、设立省单项协会办事处等，走出了一条体育改革社会化、市场化、职业化的新路径，并得到国家体育总局、省体育局的高度关注和充分肯定。二是"一县一品"战略扎实推进，章贡区游泳、山地自行车，南康区乒乓球，石城县陆地冰球运动，上犹县垂钓等已初见成效，江西应用技术职业学院攀岩等项目基地建设加快推进。三是发挥丫山国家级运动休闲特色小镇及江西省唯一"国家五星级"汽车自驾营地的示范引领作用，助推崇义县等一批有特色、有影响、有潜力的体育特色小镇建设。同时，赣县区帆船小镇、宁都县梅江运动小镇、定南县足球小镇等列入了享受赣州市政府扶持的特色小镇创建名单。四是超额完成年度体育彩票销售任务，年销售额达到 12 亿元。

### （七）全面从严治党主体责任有效落实

赣州市体育系统持续建设风清气正政治生态。大力弘扬求真务实、担当有为的新时代体育精神，加强作风建设，坚决整治"怕、慢、假、庸、散"等突出问题，认真落实党组主体责任及领导干部"一岗双责"，持续推进打造一支想干事、能干事、干成事的高素质体育人才队伍。深入推进"两学一做"学习教育常态化制度化，认真开展"不忘初心、牢记使命"主题教育。

## 二、赣州市大余县体育振兴发展

2017 年，大余县体育工作围绕打造"全域体育、体育名县"的目标定位和县委、县政府的总体工作要求和部署，实施全民健身国家战略，扎扎实实提高竞技体育水平，持之以恒开展群众体育，不断推进体育产业融合发展，全县体育事业取得了长足发展。大余县荣获国家体育总局"2013—2016 年度全国群众体育先进单位""江西省青少年业余训练精品县"等多项国家级、省级荣誉称号，大余丫山运动休闲特色小镇列入第一批全国运动休闲特色小镇试点项目单位。

## （一）群众体育

2017 年，赣州市大余县举办了庆新春、庆"三八"万人长跑活动、庆"五一"干部职工拔河比赛、庆"七一"全县羽毛球比赛等具有一定规模的群众性体育活动 20 余次。举办了以"健身每一天，喜迎十九大"为主题的"全民健身月，市民健身大联动"全民健身系列活动，开展了篮球、足球、广场舞、乒乓球、羽毛球、广播体操、趣味体育竞赛活动、太极拳、气排球等十余项群众健身活动，参与人次达 2 万以上。同时，篮球联赛、足球联赛、乒乓球比赛、广场舞比赛活动等群众全民健身活动已形成常态化，"月月有赛事、周周有活动"是大余县全民健身、体育融入生活的真实写照。2017 年 8 月大余县被国家体育总局授予"2013—2016 年度全国群众体育先进单位"荣誉称号。大余县成功举办了"2017 中国·大余山地马拉松赛"，来自北京、广西、香港等全国各地的 2500 多名马拉松选手参赛，比赛分"迷你马拉松 5 公里跑"和"半程马拉松 21 公里跑"两个组别，还组织了近 600 名县机关干部职工参加体验跑，赛事创下多项第一，即赣州第一个马拉松赛事、赣州第一个实现"体育＋旅游"赛事、赣州第一个参赛人数最多的群体赛事、赣州第一个参赛覆盖面最广的赛事、江西第一个山地马拉松赛事。中央电视台 5 套、江西电视台、赣州电视台、凤凰网等大型新闻媒体相继报道了此次赛事，取得了良好的社会舆论效果。

## （二）竞技体育

2017 年，赣州市大余县教育局成功举办了全县中小学生篮球赛、田径运动会、足球运动会等多项青少年体育赛事，在篮球赛、足球赛、田径运动会中发现了大量体育苗子，积极推进体育进校园。邀请市体校各项目教练到大余县各中小学校选才，选定了 70 余名优秀苗子。在 2017 年 7 月举行的全市三对三篮球锦标赛上，大余县女子代表队勇夺赣州市第一名。在赣州市武术、田径、游泳、摔跤等锦标赛上，大余县青少年运动员也获得了多项第一。2017 年大余县被江西省体育局授予"江西省青少年业余训练精品县"。

## （三）基础设施建设

大余县抢抓运动休闲产业迎来黄金时代发展机遇，2017 年 7 月大余县丫山运动休闲小镇被国家体育总局列为全国第一批运动休闲特色小镇创建试点单位，在2017年8月的全国运动休闲特色小镇建设培训会上作为代表进行了展示，该特色小镇成为大余县创建体育名县的"龙头工程"。大余县启动或完工了章江河北全民健身步道、梅关足球运动场、县级公共体育场、新动力全地形汽车越野场基地、中央生态公园全民健身中心等一大批体育场地设施项目；为9个村（居）配套全民健身工程。结合大余县乡村旅游发展，串联了新城周屋、池江陈毅故居、黄龙花木园、浮江三月三、吉村桃树下、内良天华山等体育旅游休闲公园，初步形成一条达百里的乡村体育旅游长廊。为进一步推进大余县产业快速发展，2017年10月县委、县政府批复同意组建大余县体育产业发展投资公司。2017年完成体育彩票销量1600万元以上，荣获"2017年度县市区体育彩票市场份额奖"。

## 三、赣州市崇义县体育振兴发展

2018年，在国家体育总局的倾力帮扶和省、市体育主管部门的关心指导下，崇义县委、县政府积极构建人才、技术、产业、项目立体化的体育发展新格局，推动体育事业跨越式发展。

### （一）援建体育基础设施

自2013年以来，国家体育总局累计落实项目资金5011万元，安排新建、改造体育项目179个，捐赠物资价值1700万元。在国家体育总局的指导帮助下，崇义县新建改造了一批公共体育场、社区健身中心、健身步道、农民体育健身工程，县城"两场四馆一池两道"分布于县城东南西北，县城"五分钟健身圈"基本建成；乡镇、行政村农民体育健身工程基本实现全覆盖，12个乡镇建有健身广场，极大地促进了全民健身活动的开展，增强人民体质。崇义县累计新增体育场地设施面积达20万平方米，场地面积增至36万平方米，人均体育场地面积达1.84平方米。

### （二）引进体育赛事活动

依托国家体育总局体育赛事资源，赣州市崇义县委、县政府重点引进和打造登山、自行车、轮滑、钓鱼等户外品牌体育赛事，力争建成国家级户外运动基地。在国家体育总局的悉心指导下，已成功举办2014年四国青年男篮巅峰争霸赛、2015 年全国群众登山健身大会暨"体彩杯"中国·阳岭登山赛、2015 中国绿色骑行暨崇义县全民健身大联赛自行车赛、2015 年 CBA 西部行公益赛、2015 年中国 CBO 八强赛、2017"群星耀阳明"中国（崇义）阳明山万人养生徒步大会暨优秀运动员志愿服务活动、2017 年崇义·阳明湖"章源控股"LUREPRO 路亚黄金联赛、江西省第十五届运动会群众比赛项目（社会部）赣州市轮滑选拔赛暨首届崇义轮滑节、2018 年全国现代五项青少年激光跑 U 系列赛（崇义站）、"寻找美丽中华"全国旅游城市定向系列赛江西崇义站、第二届中国·崇义阳明文化旅游节暨阳明山万人徒步大会等国家级、省级高水平赛事，以引进体育赛事活动，提升群众参与体育健身活动的热情，扩大崇义县的影响力和知名度，推进崇义县体育与旅游的深度融合，提升崇义县人民生活品质和健康水平。其中，阳明山徒步大赛和齐云山—上堡乡穿越露营已初步形成品牌效应，成为爱好者每年期盼的赛事。

（三）普及科学健身知识

得益于国家体育总局教育和人才资源优势，赣州市崇义县体育干部、体育运动爱好者、体育教师、学生接受培训的机会增多，力度增强。近年来，国家体育总局先后支持协调近百名奥运冠军、体育明星和知名教练到崇义县入社区、进校园、走基层，深入乡镇、村组织传授科学健身技能，弘扬健康向上的生活方式。崇义县组织开展了"坚守社会主义核心价值观——奥运冠军赣南苏区行"、足球篮球进校园、CBA 公益行、亚足联草根足球节、优秀运动员全民健身志愿服务活动、奥运健儿公益行、支援赣南苏区振兴发展气排球培训活动等 10 余次公益活动，累计组织、参与各类培训活动 104 批次，培训人数达 10056 人，体育发展后劲持续增强。崇义县积极开展 D 级足球教练员、气排球社会体育指导员、"全民健身"武术走基层等各类培训班，国家体育总局体育医院、运动医学研究所组织"科学健身大讲堂"进崇义，每年 300 人以上听专家学者授课，社会反响很好。崇义县社会体育指导员从 2013 年底的 21 人增加到 2018 年的 691 人，实际增长了 32 倍，每 304 人配有 1 名社会体育指导员。

（四）大力发展体育产业

赣州市崇义县积极推进"体育、文化、旅游、康养"四业融合发展。一是编制体育产业发展规划。按照"政府主导、专家编制、群众参与"的原则，坚持立足崇义县现有体育资源、产业基础等实际情况，结合崇义"十三五"规划、旅游、城市建设、交通等规划，借力国家体育总局专业力量，编制完成了《崇义县体育产业发展规划（2015—2025 年）》，为崇义县发展体育产业打下了坚实基础。二是加快建设运动休闲特色小镇，拿出崇义县地段最好、面积最大的阳明山脚下区域，聘请北京大学国家发展研究院易剑东教授团队为 6 平方千米的运动休闲特色小镇规划，新建市民健身广场、山地运动公园、体育培训中心、运动康养中心、户外拓展营地、山地自行车道、精品休闲农庄、游客服务中心等具有体育特色的综合体，带动体育旅游、竞技表演、健身休闲等相关产业的发展，提供更多的就业机会。目前崇义县运动休闲小镇已成功入选 2018 年全国优选体育产业项目名录，进入招商洽谈优选团队阶段。三是积极打造户外运动示范基地。重点打造阳明山、上堡梯田、阳明湖国家湿地公园、君子谷野生水果世界四个基地、四条精品线路，编制了一批项目专项规划、项目招商方案等，围绕国家体育总局和原国家旅游局倡导的"五个一百"工程，努力把崇义县建成独具魅力、极具特色的户外运动休闲目的地。

## （五）完善体育社会组织

赣州市崇义县建立健全体育社会组织体系，提升承接赛事活动的能力，发挥各级各类体育组织在群众体育活动中的桥梁、纽带作用，每个乡镇建有 1 个体育健身指导站，每个行政村至少建有 1 个体育健身活动站、晨晚练点，基本形成遍布城乡，规范有序，富有活力的城、乡、村三级全民健身组织网络。持续加大政府购买服务力度，以政府购买服务的形式鼓励篮球、羽毛球、乒乓球、网球等单项协会、俱乐部培训青少年后备力量，引导各协会、俱乐部持续性地开展全民健身活动。收回体育馆楼下所有店铺，优先分配给积极承办政府购买公共服务的协会，免费提供给各协会作为办公或经营场所。截至目前，崇义县体育协会组织从原来的 10 个增加到 17 个，俱乐部从原来的 2 个增加到 10 个。

## （六）丰富全民健身活动

自 2015 年崇义县被列为"江西省鼓励社会体育组织发展试点县"以来，县委、县政府不断加大政府购买服务力度，县财政在每年安排 100 万元预算用于政府购买服务的基础上，整合各类资金 200 万元用于政府购买社会体育服务开展全民健身活动。崇义县每年定期组织开展全民健身日、全民健身大联赛等活动，定期组织群众参与江西省百县农耕大赛、江西省"体育·惠民 100"等赛事，各协会本着"周周有活动，月月有赛事"的全民运动理念，以推广普及提高各项运动为己任，广泛组织和开展一系列群众性比赛和交流活动，连续几年开展了夏季男子篮球赛、五人制足球联赛、乒乓球联赛、微马跑步、钓鱼、象棋、网球等系列体育赛事。同时，依托国家体育总局体育赛事资源，持续举办阳明山万人徒步大会、阳明湖路亚钓鱼大赛等品牌赛事，协调优秀运动员开展全民健身志愿服务活动，宣传体育精神，提升群众参与体育健身活动的热情，扩大体育赛事影响力和知名度，并深入基层开展科学健身指导。

## 四、赣州市会昌县体育振兴发展

第一，农民体育健身工程等民生工程项目加快实施。2007 年，会昌县共实施乡镇和村级农民体育健身工程项目 185 个，其中，2007~2011 年共实施 42 个（乡镇 1 个，村级 41 个），争取上级补助资金 71.8 万元；自《若干意见》出台以来，2012 年和 2018 年共实施 143 个（其中乡镇 7 个，村级 136 个），争取中央集中彩票公益金支持地方体育事业专项资金等上级补助资金 415.5 万元。

第二，积极争取中央专项彩票公益金支持赣南苏区社会公益事业项目，完善体育设施。2013 年，会昌县全民健身体育馆和麻州镇全民健身场所项目，共向上争取中央专项彩票公益金项目建设资金 1119 万元，会昌县全民健身体育馆、麻州镇全民健身场所分别于 2016 年 12 月和 2015 年 5 月竣工投入使用。2017 年 12 月，会昌县大步田全民健身体育馆建设项目启动，向上争取中央专项彩票公益金项目建设资金 3000 万元（已到位 1500 万元）。

第三，积极争取省体育局基层群众体育健身场所建设项目资金，已争取并到位会昌县全民健身体育馆建设专项资金 300 万元、小坝公共社区体育场（小坝足球场）建设专项资金 240 万元。

# 第三节　抚州市体育振兴发展

## 一、群众体育如火如荼

抚州市每年开展各类赛事活动近 9000 场次，带动参与健身的群众 200 万人次，经常参加锻炼的人数占总人口比例的 33%。在 2018 年江西省第十五届运动会上，抚州市社会部获金牌 63 枚，位列江西省第四。抚州市承办的环鄱阳湖国际自行车大赛、围棋甲级联赛（抚州站）、汽车拉力赛等品牌赛事提升了抚州市知名度和城市品位。成功举办 WBA 世界拳王争霸赛，抚州籍世界拳王徐灿在家乡成功卫冕，中央电视台全程直播，向世界宣传推广了抚州市。学校体育精彩纷呈，积极开展中小学阳光体育运动，成功举办全市首届中小学周末足球联赛，500 余名中小学生参与角逐；举办抚州市中小学生运动会乒乓球、羽毛球、举重、摔跤比赛，引导广大青少年参与体育运动。抓好全民健身工程建设，进一步完善全民健身设施，新建乡镇农体工程 1 个，村级农体工程 17 个，器材更新 15 个。积极组团参加"我要上全运，健康中国人"第十三届全国运动会群众比赛项目江西省选拔赛，抚州市参加了 14 个项目的比赛，一举夺得 8 个冠军、12 个亚军、10 个季军。

## 二、竞技体育成绩斐然

抚州市积极发展举重、划船、射击、摔跤、拳击等优势项目。一是成功举办了抚州市第五届运动会。二是抚州市培养输送 6 名运动员在 2017 年天津全运会上取得了较好的成绩，其中，举重运动员黄志勇获男子 62 公斤级铜牌。三是组队参加了江西省青少年 14 个项目的青少年锦标赛，取得了武术散打团体总分第二，摔跤团体总分第三，举重、赛艇团体总分第六的成绩。四是参加第三届青少年阳光体育大会，获得团体总分二等奖，充分展现了抚州儿女的风采。

## 三、体育产业不断壮大

抚州市对大型体育场馆免费或低收费开放，让群众享受改革红利。抚州市被授予全国"围棋之乡"荣誉称号，资溪县大觉山景区漂流项目被评为全国体育产业示范项目，抚州源野山庄被评为省级体育示范单位，抚州中德体育用品有限公司被评为省级体育产业示范单位。2018 年，抚州市体育彩票销售额达 6 亿元，打破了历史纪录。2019 年上半年，抚州市新增体育彩票销售网点 38 个，完成全年销售目标的 65%，体育产业不断壮大。

## 四、体育活动数量不断增加

2017 年，抚州市有 6 个单位、5 名个人荣获"全国群众体育先进单位"和"全国群众体育先进个人"荣誉称号。在蓬勃开展的群体活动中，规模和影响较大的体育活动包括：2017 年初举办了"健康抚州动起来"系列活动；2017 年 5 月举办了围棋甲级联赛（抚州站）的比赛，棋圣聂卫平进行现场指导，吸引了前来观战的围棋爱好者近千人；2017 年 9 月举行了第八届环鄱阳湖国际自行车大赛（抚州站）等。积极组织开展"体育·惠民100"活动，组织开展了庆"三八"抚州市环梦湖炫跑比赛、抚州市第四届领导干部围棋比赛、抚州市第八届业余足球联赛、南丰全民健身环城跑、江西省乒乓球赛、广昌广场舞大赛和游泳邀请赛、资溪大觉山国际半程马拉松赛等。

# 第四节  吉安市与典型县（市）体育振兴发展

## 一、吉安市体育振兴发展整体情况

吉安市政府紧紧围绕落实《全民健身条例》，加快推进《"十二五"公共体育设施建设规划》和《吉安市全民健身实施计划（2011—2015 年）》各项建设任务，坚持"强基层、打基础、保基本"的工作方向和"面向基层、服务农民，因地制宜、分类指导，量力而行、注重实效，引导扶持、地方为主"的工作原则，制定了《吉安市农民体育健身工程实施方案》，体现了对农村公共体育供给的重视。

笔者在调研中发现，很多县区都在积极利用自己的优势体育项目，以及国家实施的农民健身工程，申报打造"一区一品""一县一品"等体育品牌，发展地方特色的思路较为普遍。吉安市对本市具有优势的舞龙、被称作民间艺术奇葩的永新盾牌舞、庐陵板凳舞等项目进行开发，促进了人们对自身民族文化的认同。

但吉安市的体育振兴发展仍存在问题。

## （一）中学体育师资薄弱

吉安市所调查的学校中有体育教师268人，其中本科学历的教师53人，占19.8%；大专学历的教师198人，占73.9%；中专学历的教师17人，占6.3%。

## （二）体育经费、场地器材不足

经调查表明，近4年来每年学校用于体育场地、器材的经费在100~500元的学校共14所，占学校总数的25.9%；用于体育场地、器材的经费在501~1000元的学校共2所，占学校总数的3.75%；用于体育场地、器材的经费在1001~2000元的学校共3所，占学校总数的5.56%；用于体育场地、器材的经费在2001~8000元的学校共1所，占学校总数的1.9%；用于体育场地、器材的经费在8001~9000元的学校共2所，占学校总数的3.7%；无经费的学校22所，占学校总数的40.7%；其中还有10所学校只有在开县运动会或校运动会时拨给几百元经费，占学校总数的18.5%。拥有田径场400米跑道的学校7所，占学校总数的13.0%；拥有300米跑道的学校11所，占学校总数的20.3%；拥有250米跑道的学校5所，占学校总数的9.3%；拥有200米跑道的学校23所，占学校总数的42.6%；无田径场的学校8所，占学校总数的14.8%。

## 二、吉安市吉水县体育振兴发展

2017 年，吉水县体育职工人数为 6 人，其中干部 5 人；少年体校个数为1 个，在校学生数 180 人，专职教练 6 人，学校体育教师 140 人；等级裁判人数共 285 人，其中田径 150 人，篮球 135 人；符合《国家体育锻炼标准》及格人数为 119052 人，在省级比赛中获奖牌数 42 枚，在全国级比赛中获奖牌数 6 枚。

由图 2-1 可知，在 2013~2016 年，吉水县从事体育事业人员的数量保持在相对于稳定的状态下，2017 年之后不管是学生数量、教师数量还是专业裁判数量均有了一个较大的增长。

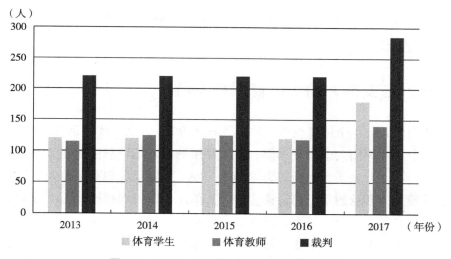

**图 2-1　2013~2017 年吉水县体育发展状况**

资料来源：2014~2018 年《吉安统计年鉴》。

查询相关资料，得出吉水县在 2013~2017 年所获省级奖牌和国家级奖牌趋势图（见图 2-2），从中发现在 2013~2016 年，吉水县所获奖牌数均在一个稳定的区间内上下徘徊，2017 年所获省级奖牌 42 枚，比 2016 年增长了 3.2 倍；国家级奖牌 6 枚，比 2016 年增长了 1 倍，体育事业繁荣发展。

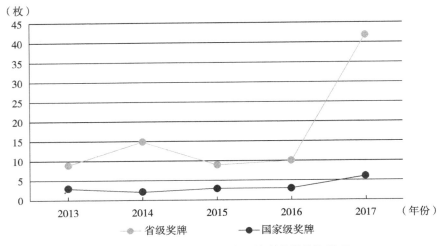

图 2-2　2013~2017 年吉水县体育奖牌获取状况

资料来源：2014~2018 年《吉安统计年鉴》。

## 三、吉安市井冈山体育振兴发展

井冈山共有 1 个体育场馆，占地面积 4096 平方米；体育训练中心 1 个，体校 1 个为井冈山大学体育学院，学校可用的运动场馆总面积在 4 万平方米左右，另有 1 万余平方米的综合训练馆一座。体育学院现有大球类、田径类课程群被列为学校的重点建设课程群，有篮球、田径课程被列为学校的重点建设精品课程，有公共体育、排球、运动解剖学被列为学校重点建设优质课程，有"体育课程与教学论"被列为学校重点学科"课程与教学论"方向之一，有"人体运动科学"和"体育人文社会学"两个学科被列为学校扶植建设学科。

从图 2-3 的趋势图可以看出，井冈山的体育状况发展较为平缓，保持在一个相对稳定的数值上，2016 年的教练员与在训学生的比值为 1：9。

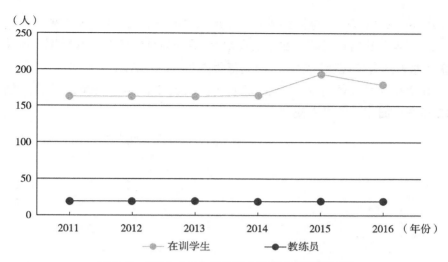

图2-3　2011~2016年井冈山体育人数发展状况

资料来源：2012~2017年《井冈山统计年鉴》。

## 四、吉安市安福县体育振兴发展

安福县坚持每年举行一次全民健身周的活动，县少儿体校开设田径、乒乓、举重、游泳、跆拳道等多个训练班。自2006年以来，安福县向上级体育部门输送优秀体育苗子100余名，坚持开展"阳光体育活动"和学生健康体质测试活动，每年举办冬季田径运动会，狠抓体育教学常规落实，确保学生每天锻炼一小时，培养学生体育专长，出台优惠政策，奖励体育特长生优先进城就读。2006年获江西省"全民健身周活动优秀组织奖"。

2007年、2012年分别举办江西省第三届、第四届全民健身（安福赛区）运动会，组织开展干部职工乒乓球、篮球、羽毛球、拔河、登山和老年人门球、柔力球、气排球、太极拳等形式多样的群众性健身比赛。2007年获江西省"全民健身周活动优秀组织奖"。

2008年、2009年，安福县代表队获吉安市第五届、第六届中学生田径运动会团体总分第一名。2009年11月份，县体育中心建设工程奠基开工，该中心分为体育场、体育馆、体育公园、健身广场、环场馆道路、室外运动场等建设项目，总占地面积14.7公顷。

2010 年，安福县篮球协会成立，已成功举办三届 CBO 篮球联赛。

2011 年，安福县组队参加江西省 CBO 男子篮球锦标赛荣获冠军。城关中学获江西省体育传统项目学校田径比赛团体总分第一名。

2012 年 9 月，体育场馆全面完工并接受验收。体育公园及健身广场于 2012 年底全面完工并投入使用。

# 第三章

## 江西省老区医疗卫生振兴发展

　　医疗卫生对所有人开放，目标是为了提高人民健康。一个国家的医疗卫生组织，包括该国家内所有保障和提高人民健康、治疗疾病和受伤的人员、组织、系统、过程。国家在医疗卫生方面颁布了《中华人民共和国人口与计划生育法》《中华人民共和国药品管理法》《中华人民共和国传染病防治法》《中华人民共和国执业医师法》等十余部法律法规来进行规范约束。通过对赣州市的大余县、崇义县、全南县，抚州市的乐安县、广昌县、南城县以及吉安市的安福县、峡江县和吉水县三市九县调研，掌握江西老区医疗卫生振兴发展情况，以期为促进老区医疗卫生发展提供参考建议。

## 第一节　赣州市与典型县（市）医疗卫生振兴发展

### 一、赣州市医疗卫生整体情况

　　2018 年，赣州市每千常住人口病床位 5.5 张、执业（助理）医师 1.73 人、注册护士 2.33 人，较 2017 年分别同比增长 5.77%、8.13%、10.95%；孕产妇死亡率 7.83/10 万（全国 18.3/10 万）、婴儿死亡率 3.42‰（全国 6.1‰）、5 岁以下儿童死亡率 5.22‰（全国 8.4‰）；人口出生率 12.24‰、人口自然增长率 7.93‰、出生政策符合率 87.42%。

### （一）致力促改革，深化医改突破更大

　　赣州市在江西省率先建立了总会计师制度，也率先实施编制备案制，按用

人控制数核定职称岗位数和财政人员补助，全市各级公立医院净增"备案编制"7366 名。全面实施药品采购"两票制"，医用耗材集中招标采购，全年让利群众 3.5 亿余元，在江西省率先启动取消医用耗材加成工作，公立医院药占比降至 29%，百元医疗收入消耗的卫生材料费降至 21.8 元，医务性收入占比上升至 34.1%，均优于全国平均水平。赣州市组建区域医疗联合体 37 个、覆盖医疗机构 593 个。赣州市将 27 种特殊"天价"靶向药纳入医保报销，将 16 种涉及重大疾病临床治疗必需、价格昂贵的抗癌药纳入医保结算，将 64 家医院接入国家异地就医结算平台。

### （二）立足补"短板"，能力提升速度更快

赣州市争取中央和省财政专项补助资金 13.25 亿元，同比增长 29.19%。启动提升卫生健康服务能力三年行动计划，投资近 41 亿元开工建设医疗卫生项目 95 个，完成 1351 所村卫生计生服务室项目建设。设立 3 个院士工作站，填补了市管医院没有院士工作站的空白。赣州市中医院设立首都国医名师姚乃礼经验传承工作室，赣州市皮肤病医院设立张国成名医工作室。8 名中医师成为"江西省名中医"，20 名中医师成为"江西省基层名中医"。选拔新一周期学科带头人 27 名、学科带头人培养对象 100 名、优秀青年医学人才培养对象 110 名、赣州市名中医 30 名、领先学科 29 个。引进博士学历人才 13 名、研究生学历人才 234 名、副高职称以上人才 30 名，统一公开招聘本科及以下学历人员 993 名，招录培养 274 名农村订单定向医学生。赣州市人民医院建成国家级"综合卒中中心"，赣州市人民医院、信丰县人民医院、南康区第一人民医院通过中国胸痛中心认证。建成 28 个危重孕产妇救治中心、25 个危重新生儿救治中心，实现全覆盖。赣州市人民医院、赣南医学院第一附属医院在江西省保持市级以上综合医院综合实力排名前四，于都县人民医院在江西省县级综合医院综合实力排名中位居第一，兴国、信丰、南康、宁都、赣县、石城 6 个县（区）人民医院排名前十。建成市县远程医学中心、市级预约挂号平台，通过居民健康卡实现就诊一卡通用，基本消除了中心城区各大医院"一院一卡"现象。章贡区成为江西省首个卫生数据互联互通示范区。重大疾病防控防治策略不断优化，血吸虫控制和消除通过省级验收，全市报告法定传染病 29 种、5.36 万余例，报告发病率 621.51/10 万，死亡率 1.00/10 万。高效完成 35 起突发公共事件紧急医学救援，在江西省率先启用航空紧急医学救援。建成 134 个母婴室、17 个婚育一站式服务中心。提升综合监督执法能力，赣州市办案 2922 件。

医养结合试点持续推进，全市共有医养结合机构 68 家，床位 1.94 万余张。

### （三）持续优服务，医疗改善成果更多

"人民至高无上，患者是我亲友"活动效果良好。赣州市在江西省率先实现二级以上医院 DRGs 应用管理全覆盖，率先全面推开"驾照式"用药管理，监测的医疗机构住院患者平均医药费下降了 8.65%。扩大"先诊疗、后付费"服务试点，提升了患者满意度。对 104 名广州专家集体统一备案后允许在赣州市自由执业，开展正高职称医疗专家执业实行区域注册一次改革试点，促进了优质医疗资源共享。实施临床路径管理、日间手术、优质护理等一系列惠民措施。

### （四）坚持强保障，自身建设要求更高

从严管党治党，赣州市直医疗卫生单位党建活动场所、党务专职队伍、党建经费 100% 保障，党支部建设规范有序，市卫生健康委员会成立了机关纪委，卫生健康系统政治生态风清气正。开展"拉高标杆、争创一流"工作对标对表活动，着力建设"五型"机关，坚决整治"怕、慢、假、庸、散"等作风顽疾，查摆出的 11 个形式主义、官僚主义突出问题全部整改到位。文化建设全面推进，举办了全市卫生健康系统"创卫杯"男子篮球比赛、女子广场舞比赛，举办了赣州市首个中国医师节文艺演出暨颁奖晚会。深化"放管服"改革，梳理取消调整证明事项清单 2 项、"一次不跑"事项清单 6 项、"只跑一次"事项清单 4 项，进一步破解了堵点、难点、痛点。开展了纠正医药购销领域不正之风、药品和耗材不合理使用、社会办医疗机构行风建设三个专项治理行动。

## 二、赣州市大余县医疗卫生振兴发展

2012~2017 年，大余县城乡医疗卫生服务水平和能力不断提升。一是农村县、乡、村三级医疗卫生服务网络进一步完善。2012 年以来，完成 11 个乡镇住院大楼、综合楼的改造工程，5 个乡镇职工周转房项目。新、改、扩建村卫生室 43 个，9 个村卫生室正在建设。大余县中医院成功创建二级甲等中医院。2017 年大余县参合人数 21.91 万人，参合率达 99.62%，比 2012 年提高 2.19 个百分点。二是医疗能力进一步加强，大余县共有各级各类医疗机构 530 个，增长 4.3%；共有床位数 1553 张，每千人床位数 5.18 张，分别增长 8.6% 和

6.8%；每千人执业（助理）医师数 1.78 个，每千人注册护士数 2.17 个，分别增长 17.9%、18.6%。三是重大疾病防控能力大幅提升，建立了以县疾控中心为龙头，乡镇防保站、卫生院为中枢，村卫生室为网底的三级传染病防控网络，正在实施集急救、卫生监督、疾病预防功能于一体的卫生应急指挥中心项目。四是职业病防治能力逐步提升，江西西华山钨业有限公司医院增挂"赣南职业病防治医院"为第二名称并正式挂牌运营。

2018 年，赣州市大余县共有各类医疗卫生机构 517 所，其中医院 13 所。大余县人民医院是全县唯一一所集中西医疗、预防保健、急救、教学、科研于一体的综合性"二级甲等"医院和爱婴医院，卫生部指定的国际紧急救援中心网络医院。除此之外，是大余县人民医院是县交通事故急救中心、孕产妇急救中心；是江西省人民医院、赣南医学院第一附属医院、赣州市人民医院医疗协作医院及多所医学大中专院校教学、实习基地；是首批"市级群众满意医院"；是大余县医疗集团的龙头医院，是大余县新型农村合作医疗单位。另有卫生院 11 所，皮肤病防治所 1 所，疾病预防控制中心 1 所，妇幼保健院 1 所，卫生监督所 1 所，乡镇卫生防保站 5 所；医疗卫生机构病床位数 2511 张；各类卫生技术人员 1588 人。

## 三、赣州市崇义县医疗卫生振兴发展

截至 2018 年，崇义县全县共有卫生机构 27 所，其中，医院 5 所，乡镇卫生院 18 所，妇幼保健计划生育服务中心 1 所，疾病预防控制中心 1 所，皮肤病防治所 1 所，卫生计生综合监督执法局 1 所。病床总数 1037 张，其中医院 657 张，卫生院 380 张。卫生技术人员 1230 人，其中，执业医师 349 人，执业助理医师 148 人，注册护士 578 人，药剂人员 90 人，检验人员 65 人。如表 3-1 所示。

表 3-1　崇义县医疗卫生基本情况

| 指标　　　　　　　年份 | 2016 | 2017 | 2018 |
|---|---|---|---|
| 一、卫生机构（所） | 28 | 27 | 27 |
| 医院（所） | 5 | 5 | 5 |
| 卫生院（所） | 18 | 18 | 18 |
| 皮肤病防治所（所） | 1 | 1 | 1 |

续表

| 指标　　　　　　　　　　年份 | 2016 | 2017 | 2018 |
|---|---|---|---|
| 农医中心（所） | 1 | 0 | 0 |
| 妇幼保健计划生育服务中心（所） | 1 | 1 | 1 |
| 疾病预防控制中心（所） | 1 | 1 | 1 |
| 卫生计生综合监督执法局（所） | 1 | 1 | 1 |
| 二、病床总数（张） | 977 | 1007 | 1037 |
| 医院（张） | 627 | 627 | 657 |
| 卫生院（张） | 350 | 380 | 380 |
| 三、卫生技术人员（人） | 1147 | 1160 | 1230 |
| 执业医师（人） | 314 | 328 | 349 |
| 执业助理医师（人） | 141 | 130 | 148 |
| 注册护士（人） | 537 | 552 | 578 |
| 药剂人员（人） | 103 | 88 | 90 |
| 检验人员（人） | 52 | 62 | 65 |

资料来源：《崇义县统计年鉴》。

根据表 3-1 得出不管是医院病床数还是医疗卫生机构的从业人员都呈现出逐年递增的趋势，医疗卫生机构条件逐年改善。

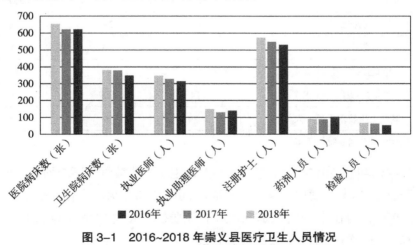

图 3-1　2016~2018 年崇义县医疗卫生人员情况

资料来源：《崇义县统计年鉴》。

## 四、赣州市全南县医疗卫生振兴发展

全南县近几年中医药卫生体制改革扎实推进，公立医院改革成效显现；全南县中医院搬迁新址，中西医结合医院新建、乡镇卫生院改扩建和公有产权村卫生计生室建设扎实推进。据有关资料可知，2017年全南县年末有各类卫生医疗机构212所，其中医院6所、乡镇卫生院15所（中心卫生院4所，一般卫生院11所）。2017年末拥有床位991张，卫生技术人员1035人。

表 3-2  2015~2017 年全南县医疗卫生机构基本情况

| 指标 \ 年份 | 2015 | 2016 | 2017 |
|---|---|---|---|
| 一、卫生机构（所） | 202 | 201 | 212 |
| 医院（所） | 4 | 4 | — |
| 卫生院（所） | 11 | 15 | 15 |
| 二、病床总数（张） | 707 | 707 | 991 |
| 医院（张） | — | 350 | — |
| 卫生院（张） | — | 215 | — |
| 卫生机构（张） | — | 42 | — |
| 三、卫生技术人员（人） | 697 | 903 | 930 |
| 执业（助理）医师（人） | 211 | 384 | 357 |
| 注册护士（人） | 243 | 392 | 366 |
| 药师（士）（人） | 65 | 73 | 73 |
| 检验技师（士）（人） | 45 | 41 | 41 |
| 影像技师（士）（人） | 14 | 13 | 13 |
| 其他卫生技术人员（人） | 119 | 0 | 80 |

资料来源：《全南县统计年鉴》。

表3-2表明，2015~2017年全南县医疗卫生机构数量在不断增加，但是增加幅度较小，执业（助理）医师的数量在2016年有较大的变化，较2015年增加了81.99%，但在2017年又有所减少；注册护士人数2016年较2015年增加了61.32%，同样在2017年数量减少了26人。

# 第二节  抚州市与典型县（市）医疗卫生振兴发展

## 一、抚州市医疗卫生整体情况

自改革开放 40 多年来，抚州市坚持民生优先导向，健全体制机制，创新管理服务，进一步整合生计生源，推进社区卫生和农村卫生发展，提升疾病预防控制和综合监督执法能力，提高医疗质量安全水平，卫生事业蓬勃发展。

### （一）医疗机构稳步发展

改革开放之初，抚州市卫生机构数仅有 487 所，卫技人员数、病床数难以满足人民群众就医需求。近年来，各级政府对医疗工作高度重视，不断加大投入。截至 2017 年，抚州市有各类医疗机构 2280 所，其中医院 48 所，乡镇卫生院 175 所，妇幼保健院 12 所，专科疾病防治院 8 所，卫生监督所 12 所，计划生育技术服务机构 3 所。

### （二）医疗队伍不断扩大

改革开放之初，抚州市仅有卫生技术人员 5702 人，其中医生 1109 人，护士 1006 人。近年来伴随着医疗投入的不断增加和医疗机构数量的增长，医疗卫生技术人员数量也在大幅增长。近年来，各级政府对医疗工作高度重视，不断加大投入。截至 2017 年，抚州市有卫生技术人员 15243 人，比 2016 年多 867 人。其中，执业医师 4607 人，比 2016 年多 155 人；执业医师助理 921 人，注册护士 6587 人，药剂人员 1077 人，检验人员 768 人。医疗卫生机构实有床位 13389 张。人民群众的看病难、住院难问题基本得到解决。仅 2017 年，抚州市共投入资金近 3 亿元，完成 1515 所村卫生计生服务室建设，且全面启动乡镇卫生室达标建设。

### （三）医疗水平整体提升

改革开放时，抚州市医疗机构设备十分简陋，仅有 X 光检测机和一些检验设备、血压计、听诊器等。改革开放后，各级医疗机构普遍加大了对医疗设备的投入，医疗设备基本健全。如今县级以上医院普遍拥有全身 CT、电子胃镜、彩超、全自动生化分析仪、碎石机等一大批先进医疗设备。同时，抚州市积极提升卫生人才队伍能力，广泛开展各类相关业务知识培训，在抚州市范围内开展卫生专业技能大比武和岗位大练兵，激励广大卫生技术人员全面提升专业技能。为培养医疗人才，近年来抚州市每年均派出一大批人员到上海、北京、广东等地著名医院进修。

### （四）平台建设有序推进

人口信息、居民健康档案和电子病历三大数据库逐步完善。智慧百乡千村医养服务工程成效明显，在广昌、崇仁、临川三个县（区）和市中心城区开展试点，已有 500 多个村卫生计生服务室、40 多个乡镇卫生院、10 个县医院分别建立了自己的智慧医疗服务平台和第四代智慧健康小屋。基本公共卫生服务补助经费提高到 50 元/人，配套经费 19882 万元，抚州市累计建立居民电子健康档案 333.59 万份；继续做好人感染 H7N9 禽流感、手足口病等重点传染病防控工作，及时处置各类传染病疫情。适龄儿童国家免疫规划疫苗接种率维持在 95% 以上，全市星级门诊达 90%。

## 二、抚州市乐安县医疗卫生振兴发展

### （一）城乡医疗卫生服务水平提升

2017 年，抚州市乐安县共培养全科医生 27 人，实施 8 个乡镇卫生院建设 7035 平方米和 3 个乡镇职工周转房改造 420 平方米。乐安县 16 个乡镇计生服务站（所）全面完成标准化、规划化、信息化建设，完成了乐安县 141 所村级卫生计生服务室的新建改扩建工作，乡村医生在 2017 年 6 月底全部进驻。

### （二）医疗卫生队伍不断扩大

2017 年，乐安县共有卫生医疗机构 234 所，编制床位数为 1084 张，实有床位数为 1301 张，实有床位数比编制床位数多 2%。卫生技术人员为 1270 人，执业医师为 333 人，执业助理医师为 142 人，注册护士为 563 人，药剂人员 97 人，检验人员 60 人。乐安县启动了县级公立医院改革，128 所新建和 13 所改扩建村卫计室全部投入使用，如表 3-3 所示。

表 3-3　2013~2017 年乐安县医疗卫生机构基本情况

| 指标＼年份 | 2013 | 2014 | 2015 | 2016 | 2017 |
|---|---|---|---|---|---|
| 一、卫生机构（所） | 234 | 235 | 235 | 235 | 234 |
| 二、病床总数（张） | 1039 | 1064 | 1022 | 1023 | 1301 |
| 三、卫生技术人员（人） | 1115 | 1114 | 1163 | 1197 | 1270 |
| 执业医师（人） | 294 | 310 | 313 | 310 | 333 |
| 执业助理医师（人） | 141 | 120 | 139 | 141 | 142 |
| 注册护士（人） | 477 | 482 | 511 | 544 | 563 |
| 药剂人员（人） | 99 | 95 | 95 | 93 | 97 |
| 检验人员（人） | 46 | 49 | 54 | 55 | 60 |

资料来源：《乐安县统计年鉴》。

　　据表 3-3 数据可得，乐安县医疗卫生情况的各个数值均在稳步提升，医疗卫生机构和医疗卫生队伍不断扩大，这更加满足乐安县人民对医疗卫生的需求，提升了乐安县医疗卫生服务。2013~2017 年乐安县医疗卫生情况如图 3-2 所示。

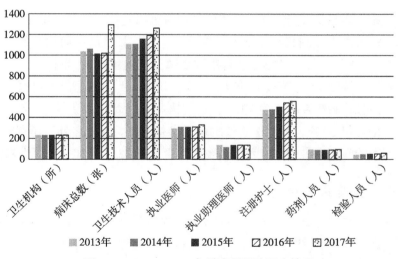

图 3-2　2013~2017 年乐安县医疗卫生情况

资料来源：《乐安县统计年鉴》。

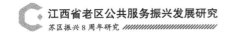
# 三、抚州市广昌县医疗卫生振兴发展

2017 年，抚州市广昌县委、县政府坚持为人民健康服务的方向，坚持预防为主、以农村为重点，完善人民群众健康政策，深入推进医疗卫生体制改革进展顺利，着力健全农村县、乡、村三级医疗卫生服务网络建设，完成了广昌县人民医院、广昌县中医院整体搬迁，农村医疗卫生计生室基本实现全县全覆盖。在不断配置先进医疗设备的同时，建立了远程会诊系统，系统覆盖广昌县各县级医院、各乡镇和部分村卫生室，公共卫生事业发展取得明显成效。虽然广昌县医疗卫生现状得到改善，但还存在一些问题。

## （一）设施使用率较低

按照抚州市的要求，所有村卫生计生室建设应在 2016 年 11 月全面竣工，2016 年 12 月完成设备采购及人员配备并投入使用。从目前情况看，有些村卫生计生室由于建设地址较偏僻，服务人口少，缺少医生，还未投入使用。广昌县2017 年建好的村卫生计生室只有 78 所在使用，40 所尚未使用，使用率为 66%。

## （二）医疗人才较匮乏

按规定，乡村医生应按农村人口 1.2‰ 的比例配备，广昌县按 16 万农村人口计算，需要配备乡村医生 192 人。据统计，广昌县目前在册从业的乡村医生为 182 人（其中 12 名乡村医生被聘用到乡镇卫生院工作），乡村医生实际在岗人员 170 人，缺 22 人；若按照 60 周岁以上（51 人）的须退出乡村医生队伍的要求，广昌县将缺少乡村医生 73 人；具有执业医师资格的仅 2 人，具有执业助理医师资格的仅 19 人，乡村医生技术水平参差不齐。除此之外，还有医疗人员分布不均衡的问题，有的村有六七名乡村医生，有 33 个村却一个医生都没有。

## （三）医生队伍较不稳

目前，乡村医生的主要收入来源于基本医疗服务和基本公共卫生服务两部分。广昌县大部分乡村医生年收入在 2 万元以下，有些甚至不到 1 万元，如千善乡高洲村年收入只有 9500 元。由于乡村医生收入低，没有享受社保、医保等待遇，广昌县有 56 名乡村医生外出务工或从事其他经营活动。60 周岁以上的乡村医生 51 人，青黄不接，没有年轻的后备力量充实到乡村医生队伍，村卫生计生服务工作难以正常开展，已建好的村卫生计生室闲置，不能有效发挥作用。

根据相关数据，截至 2017 年广昌县共有卫生医疗机构 154 所，编制床位数为 521 张，实有床位数为 540 张，实有床位数比编制床位数多了 3.6%。卫生技术人员 722 人，执业医师 208 人，执业助理医师 44 人，注册护士 289 人，药剂人员 55 人，检验人员 46 人，如表 3-4 所示。

表 3-4 　2013~2017 年广昌县医疗卫生机构基本情况

| 指标　　　　　　　年份 | 2013 | 2014 | 2015 | 2016 | 2017 |
|---|---|---|---|---|---|
| 一、卫生机构（所） | 154 | 154 | 154 | 154 | 154 |
| 二、病床总数（张） | 306 | 306 | 473 | 468 | 540 |
| 三、卫生技术人员（人） | 574 | 598 | 682 | 756 | 722 |
| 执业医师（人） | 192 | 210 | 192 | 203 | 208 |
| 执业助理医师（人） | 48 | 52 | 56 | 61 | 44 |
| 注册护士（人） | 176 | 176 | 242 | 294 | 289 |
| 药剂人员（人） | 52 | 54 | 64 | 61 | 55 |
| 检验人员（人） | 31 | 34 | 42 | 46 | 46 |

资料来源：《广昌县统计年鉴》。

由表 3-4 和图 3-3 可知，广昌县医疗卫生机构基本保持不变，床位数和卫生技术人员每年均有所增长，但增长速度较慢。

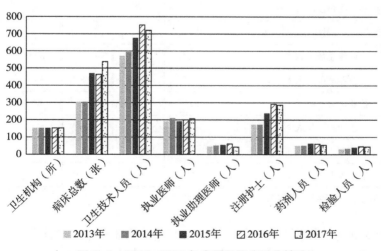

图 3-3　2013~2017 年广昌县医疗卫生情况

资料来源：《广昌县统计年鉴》。

## 四、抚州市南城县医疗卫生振兴发展

南城县为推动卫生计生部门深入贯彻落实江西省卫生与健康大会精神，方便群众在家门口看病就医，县卫计委在 2017 年组织"服务百姓健康行动"大型义诊活动。在活动期间，共为 150 余人进行了免费义诊，为 60 多余人提供免费 B 超、心电图、血糖、血常规、尿常规等检查，共发放宣传单 300 余份，获得了广大群众的一致好评。据数据显示，2017 年南城县拥有县级医院 3 所，乡镇卫生院 12 所，疾病预防控制中心 1 所，卫生计生综合监督执法局 1 所，妇幼保健计划生育服务中心 1 所。共有卫生医疗机构 187 所，编制床位数为 869 张，实有床位数为 841 张，实有床位数比编制床位数少了 3.3%。卫生技术人员 1072 人，执业医师 363 人，执业助理医师 77 人，注册护士 445 人，药剂人员 84 人，检验人员 46 人。如表 3-5 所示。

表 3-5　2013~2017 年南城县医疗卫生机构基本情况

| 指标　　　　　　　　　　　年份 | 2013 | 2014 | 2015 | 2016 | 2017 |
|---|---|---|---|---|---|
| 医疗卫生机构总数（所） | 207 | 207 | 207 | 204 | 187 |
| 医院（所） | — | — | — | — | 3 |
| 卫生院（所） | — | — | — | — | 12 |
| 妇幼保健计划生育服务中心（所） | — | — | — | — | 1 |
| 疾病预防控制中心（所） | — | — | — | — | 1 |
| 卫生计生综合监督执法局（所） | — | — | — | — | 1 |
| 病床总数（张） | 614 | 627 | 815 | 820 | 841 |
| 执业医师（人） | 360 | 350 | 358 | 356 | 363 |
| 执业助理医师（人） | 32 | 36 | 31 | 60 | 77 |
| 注册护士（人） | 377 | 404 | 403 | 422 | 445 |
| 药剂人员（人） | 89 | 91 | 91 | 88 | 84 |
| 检验人员（人） | 60 | 63 | 59 | 60 | 46 |

资料来源：《南城县统计年鉴》。

据表 3-5 的数据汇总形成图 3-4，南城县的病床总数以及注册护士数保持平稳增长态势，而执业医师数变化不大，检验人员的数量有所减少，2017 年较 2013 年下降 23.3%。

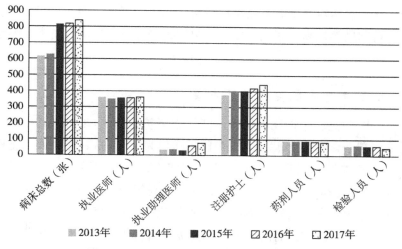

图 3-4 2013~2017 年南城县医疗卫生情况

资料来源：《南城县统计年鉴》。

# 第三节 吉安市与典型县（市）医疗卫生振兴发展

## 一、吉安市医疗卫生事业振兴发展现状

2018 年，吉安市共有各级各类医疗卫生机构 4781 所，其中医院 49 所，基层医疗卫生机构 4440 所，专业公共卫生机构 292 所；卫生人员总数 27354 人，其中卫生技术人员 19629 人；实有床位数 20687 张。每千常住人口拥有医疗卫生机构床位 4.22 张，执业（助理）医师 1.57 人，注册护士 1.61 人，相比 2010 年分别增长 66%、23.6% 和 47.7%。但吉安市医疗卫生事业发展仍存在问题。

### （一）卫生资源短缺与闲置并存

吉安市现有卫生资源相比江西省平均水平差距明显。2015 年吉安市每千常住人口拥有床位数、执业（助理）医师数和注册护士数相比江西省平均水平分别低 0.11 张、0.11 人和 0.35 人。三级医院平均住院日有待进一步缩短，卫生经费投入总量相对偏低。基层医疗机构资源利用不足，而部分三甲医院床位紧张、设备利用率过高，医院规模存在追求扩张和盲目追求高精尖大型设备等现象。

### （二）卫生资源配置结构不均衡

第一，医护比、床护比不均衡。江西省医护比为 1：1.17，其中有 3 个设区市医护比在 1：1.1 以下，而吉安市医护比仅为 1：1.03；市办及以上医院床护比近年来基本没有提升。人才学历层次偏低，吉安市卫生技术人员、执业（助理）医师和注册护士中，本科以上占比分别仅为 19.3%、36.03%、5.65%，且医院占比过于集中，结构不均衡。分级诊疗制度还不完善，优质医疗资源过于向城市集中，大医院拥有高级人才和高级设备优势明显，基层医疗机构人才总量和技术水平普遍偏低，中医、妇幼保健等资源有待进一步提升。

第二，多元化办医格局尚未形成。吉安市社会办医院床位数仅占全市医院床位数的 10.8%，总诊疗人次数仅占全市医院总诊疗人次数的 10.7%，多元化办医格局尚未形成。医院学科建设缓慢且不平衡，影响到医院的整体水平。专科医院数量少、规模小、医疗服务能力和辐射能力不强。公共卫生机构、医疗机构分工协作机制有待进一步完善。

## 二、吉安市安福县医疗卫生振兴发展

据统计，2018 年末安福县拥有县级综合性二级甲等医院 3 所，其中，安福县人民医院是一所集医疗、教学、科研、预防、保健、急救、康复于一体的综合性二级甲等医院，其分为内科综合大楼和门诊、外科综合大楼两部分，开放床位 499 张，现有职工 528 人，高级职称 43 人，中级职称 183 人，共开设 30 多个诊疗科室。安福县中医院是一所吉安市综合排名名列前茅的综合性二级甲等中医院，是江西省十所中西医急救中心之一，省级肝病治疗中心，现有职工 360 余人（高级职称 18 人，中级职称 90 人），开放病床 360 张。安福县妇幼保健计划生育服务中心于 2015 年 10 月 28 日由原县计划生育服务站和县妇幼保健院合并而成，是一所二级甲等妇幼保健院、国家爱婴医院、妇女儿童"两纲"示范单位、市级群众满意医院；医院编制床位 80 余张，现有干部职工 116 人，医技人员 91 人，其中中级以上医技人员 26 人。

从表 3-6、图 3-5 中我们不难发现，在 2013~2017 年，安福县的病床总数不断增加，执业（助理）医师、药剂人员、检验人员的增长速度较为缓和，注册护士人数增长较为明显，总体上来讲，安福县在医疗卫生方面呈现出良好的发展态势。

表 3-6　2013~2017 年安福县医疗卫生机构基本情况

| 指标　　　　　　　　　　　年份 | 2013 | 2014 | 2015 | 2016 | 2017 |
|---|---|---|---|---|---|
| 医院（所） | 2 | 2 | 2 | 2 | 2 |
| 卫生院（所） | 19 | 19 | 19 | 19 | 19 |
| 妇幼保健计划生育服务中心（所） | 1 | 1 | 1 | 1 | 1 |
| 疾病预防控制中心（所） | 1 | 1 | 1 | 1 | 1 |
| 农医局（所） | 1 | 1 | 1 | 0 | 0 |
| 卫生计生综合监督执法局（所） | 1 | 1 | 1 | 1 | 1 |
| 病床总数（张） | 1371 | 1394 | 1613 | 1704 | 1860 |
| 执业医师（人） | 397 | 521 | 427 | 484 | 471 |
| 执业助理医师（人） | 100 | 92 | 90 | 97 | 96 |
| 注册护士（人） | 509 | 556 | 630 | 686 | 715 |
| 药剂人员（人） | 84 | 94 | 106 | 97 | 102 |
| 检验人员（人） | 120 | 133 | 87 | 171 | 154 |

资料来源：《安福县统计年鉴》。

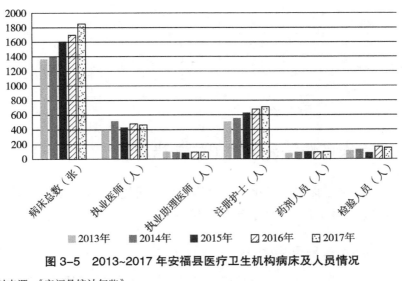

图 3-5　2013~2017 年安福县医疗卫生机构病床及人员情况

资料来源：《安福县统计年鉴》。

## 三、吉安市吉水县医疗卫生振兴发展

2018 年，吉水县全力发展卫生事业，投入 9138 万元改造提升卫生服务项目 54 个，"医疗空白村"全面消除；吉水县人民医院顺利搬迁，加快推进中医院综合楼建设项目和妇幼保健院迁建工程；稳步开展基层医疗卫生机构综合改革，全面实施基本药物制度；投资 360 余万元打造阜田镇"爱心家园"医养结合示范点。

相关数据显示，2018 年末吉水县有医疗卫生机构 26 所，医院 21 所，其中乡镇卫生院 18 所；行政村卫生室 249 所，居委会卫生室 24 所，个体诊所46 所。吉水县卫生技术人员 2017 人，其中执业医师 486 人，执业助理医师124 人。卫生机构实有床位数 2481 张。全年卫生部门总诊疗人次 71.2 万人次，健康检查人数 11.4 万人，入院人数 11.34 万人，出院人数 11.32 万人，住院病人手术 6737 人次。

表 3-7 显示，吉水县在 2014~2016 年医疗卫生机构数均保持稳定，但在2018 年吉水县医院数量有了较为明显的变化，执业助理医师数在 2015 年有了较大的提升，数量较 2014 年增加了 1.91 倍。

表 3-7 吉水县医疗卫生机构基本情况

| 指标 | 年份 | 2014 | 2015 | 2016 | 2018 |
|---|---|---|---|---|---|
| 医院 | （所） | 4 | 3 | 3 | 21 |
| 卫生院 | （所） | 18 | 18 | 18 | 18 |
| 病床总数 | （张） | 1636 | 1704 | 1704 | 2481 |
| 执业医师 | （人） | 362 | 407 | 427 | 486 |
| 执业助理医师 | （人） | 35 | 102 | 102 | 124 |

资料来源：《吉水县统计年鉴》。

## 四、吉安市峡江县医疗卫生振兴发展

2018 年，峡江县加快优化医疗机构配置，投资 1.5 亿元新建峡江县中医院，实施健康保障工程，全面提升医疗保障水平。

### （一）加大基础设施投入

峡江县自东迁后，由于基础设施投入放缓，就医环境问题变得较为突出。

为保障群众基本医疗卫生服务需求，改变峡江县中医院现状，有效改善群众就医环境，方便城乡群众就近就医，县委县政府统筹安排资金 1.5 亿元，选址新建峡江县中医院。

## （二）改善就医环境

为改善就医条件，峡江县中医院建成后将引进磁共振、CT 设备、全自动生化仪、四维彩超等一大批先进医疗设备，确保重大疾病患者和群众"看得起病、看得好病"；此外，该院还通过实施医保"一站式"服务，让群众在一个窗口实现医保"一卡通"同步结算，以使医疗辐射能力涵盖河西各乡镇。同时，为进一步满足城乡居民中医服务需求，努力改善中医院就医环境，以中医院标准化建设为抓手，充分发挥中医"简、便、验、廉"特色诊疗优势，不断提高中医药服务范围和水平，为群众提供了一个整洁、舒适、安全、有序的诊疗服务环境。

## （三）提升医疗服务能力

2018 年峡江县医疗卫生服务能力提升，免费基因检测健康筛查全面落实，县残疾人康复中心完成主体工程，金江、金坪卫生院建成投用，村卫生室实现全覆盖。统计数据表明，2018 年峡江县有卫生机构 219 所，其中综合医院 1 所，专科医院 1 所，乡镇卫生院 11 所，村卫生室 174 所，妇幼保健院 1 所、疾病控制中心 1 所、卫生监督所 1 所。2018 年末有卫生技术人员 493 人，卫生机构床位数 780 张，历年来峡江县医疗卫生机构情况如表 3-8 所示。

表 3-8　峡江县医疗卫生机构基本情况

| 指标　　　　　　年份 | 2012 | 2014 | 2015 | 2016 |
|---|---|---|---|---|
| 医院（所） | 20 | 23 | 23 | 20 |
| 病床总数（张） | 571 | 571 | 571 | 671 |
| 卫生技术人员（人） | 481 | 483 | 518 | 491 |
| 其中：医生（人） | 243 | 207 | 243 | 205 |

资料来源：《峡江县统计年鉴》。

结合表 3-8 绘出图 3-6，从图 3-6 可知峡江县病床总数处于平稳增长的发展趋势，但是医生数和卫生技术人员数在 2016 年出现了明显的下降趋势。

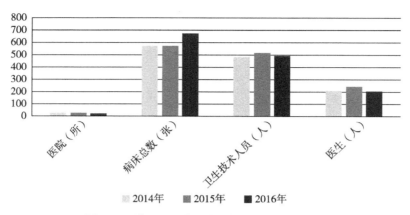

2014年　2015年　2016年

**图 3-6　峡江县医疗卫生机构及人员基本情况**

资料来源：《峡江县统计年鉴》。

# 第四章

## 江西省老区文化振兴发展

## 第一节 江西省老区与赣州市文化产业振兴发展现状

### 一、江西省文化产业发展现状

自古以来，江西便有"物华天宝，人杰地灵"之美誉，在这块红色土地上沉淀着得天独厚的自然资源和人文资源，如"匡庐奇秀甲天下"的庐山、"览胜遍五岳，绝景在三清"的三清山、"中国最美乡村"的婺源、中国江南四大名楼之一的滕王阁、中国第一大淡水湖鄱阳湖等。2019 年 8 月 19 日，刘奇在国务院庆祝中华人民共和国成立 70 周年江西专场新闻发布会上，用"红色、绿色、古色"三种颜色来概括秀美江西。江西是中国革命的摇篮、中华人民共和国的摇篮、中国工人运动策源地、人民军队的摇篮，所以说是"红色"；同时，在凤凰网报道江西领跑"生态文明绿色崛起"的鼓舞下，江西实现森林覆盖率 63.1%，森林覆盖率和建成区绿化覆盖率均居全国第二，自然是"绿色"；另外，江西是儒家、道教、佛教的重要繁衍地，例如，千年古刹东林寺、千年瓷都景德镇、千年书院白鹿洞、千年名楼滕王阁等这些江西的"古色"不胜枚举。江西也是人才辈出的省份，如被誉为是与莎士比亚、塞万提斯齐名的世界文学巨匠的大戏曲家汤显祖，便是地道的江西临川人。唐宋八大家中有 3 位来自江西，吉安市永丰县的欧阳修、抚州市南丰县的曾巩、抚州市临川区的王安石，这些都是"古色"江西的最好诠释。

据国家统计局数据显示，截至 2018 年底，江西省有文化企业 20765 家，比 2017 年度增加了 4665 家，增幅为 29.00%，其中规模以下文化企业 19489 家，增长 29.60%，占比 94.00%；规模以上文化企业 1267 家，增长 21.10%，占比 6.00%。从文化产业增加值来看，江西省文化产业的增长速度明显要高于同期全省生产总值和第三产业的增长速度，江西省的文化产业发展速度较快，已成为国民经济支柱性产业的重要潜力。除此之外，江西省文化产业企业种类繁多，形式多样，据官方统计，2018 年全年全省共接待国内游客 68550.4 万人次，比 2017 年增长 19.70%，国内旅游收入 8095.8 亿元，增长 26.60%；接待入境旅游者 206.3 万人次，增长 9.20%；国际旅游外汇收入 7.5 亿美元，增长 18.30%；截至 2018 年底，江西省文化服务企业达到 13886 家，相对 2017 年增速高达 38.50%，从事文化制造企业的数量有 5267 家，相比 2017 年增长了 11.40%，从事文化批发零售业的企业有 1165 家，增长了 20.30%；全年文化产业主营业务收入 2962 亿元，比 2017 年实际增长 14.00%，文化产业增加值 793 亿元，比 2017 年实际增长 12.00%，这些数据说明江西省文化产业得到了较大发展。

近年来，在文化强省战略的指导下，江西省文化产业发展迅速，官方数据显示，2012~2017 年，主营业务收入由 1460.25 亿元增加到 2598.28 亿元，年均增长 12.22%；2013~2017 年，文化产业增加值由 501.99 亿元增加到 708.14 亿元。资料统计显示，2018 年，江西省文化相关领域带来直接收益的市场占比为 41.24%，而间接收益达到了 58.76%。另外，随着信息化的不断发展，新闻媒体、传媒创作、广告创意设计、文化平台运营等服务还有很大的发展市场。具体来看，2018 年江西省文化产品及相关产业市场发展态势良好，结构得到优化，出现了许多新兴文化产业，分别为文化广告创意和设计服务 6908 家，增速 42.00%；文化传媒娱乐服务 5970 家，增速 38.40%；文化资讯传播服务 866 家，增速 36.50%；广播电视电影服务 855 家，增速 34.70%；文化艺术服务 3453 家，增速 32.20%。

## 二、赣州市历史文化及其产业

赣州市，通称赣南，是江西省下辖的地级市，位于江西省南部。赣州市北连吉安市、抚州市，东接福建省三明市、龙岩市，南临广东省梅州市、韶关市，西靠湖南省郴州市。地处赣南山地丘陵区，境内群山环绕。东有武夷山，南有九连山，西有大庾岭、诸广山，北有雩山，中部有多个盆地分布。赣江正源贡水发源于东部武夷山黄竹岭，西源章水发源于西部聂都山，章、贡二水于八境台汇合后始称赣江。赣州境内还有湘水、濂江、梅江、平江、桃江、上犹江等赣江支流，东南隅有寻乌水、九曲河往南注入东江。赣州市是江西省面积最大、人口最多的地级市。

近年来赣州市发挥文化龙头企业的引领带动作用，引导社会资本和资源型企业转型进入文化产业领域。重点培育和扶持赣州国家印刷包装产业基地、上犹油画创意产业园、郁孤台历史文化街区、赣纺文化创意产业园、信丰电子信息产业园、宁都飞天电商产业园、宋城壹号文化创意产业园等文化园区的发展壮大。赣州印刷业总产值63.65亿元，位居全省第一。2015年江西客家彩印包装有限责任公司、赣州绿野包装有限公司、朝阳聚声泰（信丰）科技有限公司3家文化企业成功入选第六批江西省级文化产业示范基地。至2016年底，赣州市有10家省级文化产业示范基地。

成立赣州市文化产业促进会，完成赣州市印刷行业协会换届工作，推进全市文化产业项目的建设、园区的培育、品牌的打造和提升。充分发挥赣州市文化元素多元化优势，组织全市文化产业发展人员赴江浙沪参加全省文化产业合作（南京）推介会，现场签约文化产业项目3个，总投资14.5亿元；组织文化企业参加，在中国（深圳）国际文化产业博览交易会上赣州市共有三家印刷企业签约，签约资金达3.61亿元。

2016年，龙南市①新增数字影院2家，章贡区、南康区各新增影院1家，全市建成数字影院35家，座位17972个，影院建设总投资达到2.2亿元，基本实现赣州市18个县（市、区）3厅数字影院全覆盖。数字影院收入名列全省第二。支持符合条件的文化企业发行上市挂牌，积极帮扶江西兴邦光电股份有限公司成功在"新三板"挂牌上市，《漫画红都》一书成功入选文化部"2015弘扬社会主义核心价值观动漫扶持计划"产品类项目作品，安远县"文化＋电商"做法经验在文化部全国公共数字文化建设工作会议上被作为典型进行介绍，被称为在全国同类地区具有超前意识并受邀参加全国公共数字文化特色服务案例展。赣州文化产业初步形成以文化创意、影视制作、出版发行、印刷复制、广告、演艺娱乐、文化会展、数字内容和动漫为主的产业群体，2015年

---

① 根据《江西省人民政府关于撤销龙南县设立县级龙南市的通知》和《中共赣州市委关于龙南县撤县设市有关事项的批复》精神，撤销龙南县，设立县级龙南市。龙南市由江西省直辖，赣州市代管。

赣州市共有文化产业经营单位 2800 多家，从业人员达到 50000 多人，全市文化产业主营业务收入 236.74 亿元，文化产业实现增加值 56.76 亿元。

# 第二节　赣州市典型县（市）文化振兴发展现状

## 一、于都县文化振兴发展

于都县地处赣州市东部，距赣州城区 65 千米，南昌城区 422 千米；东邻瑞金市，南接安远县，西连赣县区，北毗兴国县和宁都县。总面积 2893 平方千米，南北长 83.25 千米，东西宽 63.33 千米，建县于西汉高祖六年（公元前201 年），素有"六县之母"和"闽、粤、湘三省往来冲"之称。于都县 2019全年实现生产总值 266.2 亿元。于都县现有国家级非物质文化遗产名录项目 2个，省级以上非物质文化遗产名录项目 9 个，市级以上非物质文化遗产名录项目 15 个，县级以上非物质文化遗产名录项目 44 个。

于都是人口大县，农耕文化历史悠久，客家习俗精彩纷繁，文化遗产资源十分丰富。2013 年，被原中华人民共和国文化部（以下简称为"原文化部"）正式批准纳入客家文化（赣南）生态保护实验区。于都县城设有文化馆、图书馆、博物馆、电影院、广播电视台等文化设施和采茶剧团；地方剧主要有赣南采茶戏，主要传统戏有《南山耕田》《王三卖肉》《蔡郎别店》《睄妹子》《补皮鞋》等，改革开放初期于都县采茶剧团排演的《茶童戏主》盛演不衰，后拍摄成同名戏曲艺术片，深受广大观众喜爱。

于都唢呐历史悠久，据于都县史料记载，早在一千多年前，"鼓手举于道路，往来人家，更阑不歇"。于都当地人称唢呐为"鼓手"，实为"吹鼓手音乐"，后期被称为"平调吹打"。起初于都唢呐为二尺杆长，吹奏起来很费力，吹出的音域也较为狭窄，音乐表现力欠佳，后来逐渐由二尺变为了七寸，在方便吹奏的同时，也将唢呐音乐的魅力淋漓尽致地展现出来。在当地的唢呐手当中流传着这样一首顺口溜："七寸吹打拿在手，五音六律里边有；婚丧嫁娶没有我，无声无息蛮难过。"这首顺口溜生动地再现了现实生活中于都唢呐所扮演的重要角色，同时，也深刻地体现了于都人民与唢呐之间那种真挚的情感和难以言说的独有情怀。于都唢呐早已深深地印刻在于都人民的心里，并日益扎根于当地人民的日常生活之中，成为其生活不可缺失的重要组成部分。在民间特殊且重大的日子里，当地人往往吹奏唢呐来表达自己对神灵的无限敬仰之情，比如在赣南的大部分地区，每逢稻花盛开的时节，众人都会"抬神游行，金鼓歌吮，旗伞车马"，并从民间请来乐手，演奏诸如《小开门》《正宫调》等常用的曲牌。此外，在于都县，各家各户每逢婚丧嫁娶也都会请当地的唢呐手来演奏。当地人称婚礼仪式为"红好事"，丧礼仪式为"白好事"，不管是"红好事"还是"白好事"，都会请唢呐手来吹奏唢呐。"红好事"借唢呐这一表现形式，更多是为了增加和烘托热闹的气氛，即所谓的"红红火火办喜事"，而"白好事"请唢呐手来演奏唢呐，主要是为了营造沉痛、哀婉的氛围，借以表达对逝者无限的追思和哀悼。时而高亢，时而低回的唢呐演奏，声声都渗透在当地客家人的"红好事"和"白好事"的整个仪式过程中，并逐渐形成一种传统，流传延续至今，影响着一代又一代的于都人。

随着人民群众生活水平的不断提高，各种娱乐活动逐步完善，于都唢呐"公婆吹"也面临着濒危的困境。由于"公婆吹"都是靠师傅口传身授，现在的唢呐艺人吹"公婆吹"的不多了。由于多年未吹"公婆吹"，这些艺人对"公婆吹"曲谱，有些只知曲名，却无能力进行演奏，因而学的人也越来越少。近几年来，政府加大了对非物质文化遗产项目的保护，成立了非物质文化遗产保护中心。由文化馆牵头，组织文化工作者，对唢呐"公婆吹"进行深入挖掘、整理、归类、存档。为传承和弘扬具有地方特色的民族文化增光添彩，为非物质文化遗产保护做了卓有成效的工作。2008年6月，于都唢呐"公婆吹"由原文化部颁布为国家级非物质文化遗产保护项目。

自2010年开展非物质文化遗产普查以来，于都县文化馆组织人员以最大的可能抢救保护，他们活跃在田间地头、老艺人家中，走村串户，收集到非物质文化遗产线索505条，普查资源项目16大类357项。2011年出版了于都县非物质文化遗产系列丛书的第一册《国家级非物质文化遗产保护项目——于都唢呐"公婆吹"》及相关光碟；2012年底，于都县用半年时间补充、收集、整理资料，完成非物质文化遗产数据库建设；对客家古文开展抢救性保护工作，全程录音录像记录了《墙头记》《卖花记》等16个曲目。于都唢呐"公婆吹"、客家古文分别于2008年、2014年被列入国家级非物质文化遗产代表性项目名录。

2017年11月14日，于都县在该县文化艺术中心举办了非物质文化遗产项目代表性传承人培训班，该县 22 名非物质文化遗产代表性传承人参加了此次培训，并签订了《非物质文化遗产项目代表性传承人履职协议书》。近年来，于都县为贯彻相关精神，加强代表性传承人相关法律法规的学习，增进传承人之间的学习和交流，增强其责任感和使命感，提高非物质文化遗产传承人的传承积极性，举办了多届非物质文化遗产项目代表性传承人培训班，让其了解自身权利和义务，着力创新，使其传习保护工作更加科学规范高效，同时更加符合实际和长远发展。

与此同时，为了方便非物质文化遗产传承人开展带徒授艺、表演等传承保护活动，于都县建立了段屋寒信、马安上宝、长征源小学、梓山固院等 12 个传习所，并积极组织传承人参加宣传活动，扩大非物质文化遗产影响力，组织银坑甑笊舞、客家擂茶等项目参加市文化惠民周活动。

此外，于都县不断创新非物质文化遗产传播方式，开展群众喜闻乐见的展演活动，促进非物质文化遗产高效传播。该县充分利用当地各类传统、新兴媒体的传播影响力，多渠道、多形式地宣传非物质文化遗产项目；翻印非物质文化遗产法律法规文件，并向县直单位、社会团体发放，利用文化和自然遗产日、传统节日等时机向群众免费发放。

自 2001 年来，于都县已经连续十年开展农村特色文化展演暨"长征源之春"元宵文化活动，每年的元宵活动都突出民俗文化、群众参与、欢乐喜庆等元素，吸引了全县 24 个乡镇农民带着节目会聚县城，以客家传统民俗表演形式，热热闹闹欢度元宵佳节。2017 年 6 月 10 日，于都县举办非物质文化遗产展演、"于都记忆"图片展和"二十四节气展"等活动庆祝我国首个"文化和自然遗产日"，并对活动进行了网络直播，收看人数达 6 万人；2017 年 9 月，在山语餐厅传习所举办了"喜迎十九大文脉颂中华"非物质文化遗产网络传播活动，不仅邀请了于都唢呐"公婆吹"、客家古文的传承人现场演出，还组织了一批传统手工艺项目让群众共同参与，此次活动采用了"网络直播＋预告＋回看"的方式，收看人数达 4.5 万人。

## 二、安远县文化振兴发展现状

安远县位于江西省南部，赣州市东南部，地处长江水系赣江上游和珠江水系东江源发源地。东毗会昌寻乌县，南邻定南县，西连信丰县，北接于都县、赣县。全县东西宽约 48.8 千米，南北长约 84.6 千米。

安远县文化底蕴深厚。明朝大学士安远县知县宋濂在安远开风气之先,其倡导的儒雅、好洁、自信、笃学、好客的优良传统代代相传。安远九龙嶂是赣南采茶戏的发源地,明朝中期,安远茶农在茶叶生产、贸易过程中创作了集歌舞于一体的采茶灯,清代中后期逐步发展成为赣南采茶戏,广泛流传于赣南和周边省市。1979年赣南采茶戏被拍摄成彩色戏曲影片《茶童戏主》。传统剧目《睄妹子》《补皮鞋》《钓拐》《老少配》历演不衰,是国务院公布的国家第一批非物质文化遗产。21世纪初,安远县采茶文化迎来繁荣的春天,先后整理创作出采茶扇舞、采茶健身操等采茶文化产品。

楹联文化厚积薄发,中国第五个、江西省首个"中国楹联之乡"的安远县,处处弥漫着浓浓的联韵,构筑起安远县国学文化的家园;南乡大堂音乐流传于安远县南部,是一种源流失考的在红白喜事上吹奏的地方传统音乐,喜则欢快、明亮、悠扬,哀则凄切、悲凉、忧伤;有200多年历史的五节瑞龙,地方色彩浓郁,给人民带来美好的祝愿;原建于1097年(北宋绍圣四年)的无为塔六面九层62米,巍峨挺拔,高耸入云,见证了安远佛教文化的繁荣;鹤子郭氏汾阳堂简朴大气,雄浑厚重,是安远具有秦汉时代建筑风格的古建筑,永镇长廊瓦桥凝结了安远先民杰出的智慧和高超的建造技艺;东生围、丹林围、恒豫围等一批客家古代围屋体现了客家建筑的独特风貌,被称为汉代坞堡活化石。县内尊三围革命遗址是土地革命时期唯一以客家围屋作为战场工事的历史遗存。红色的土地处处展现着安远人民勤劳、勇敢、智慧、自信的精神风貌。

## 三、赣州市特色文化项目——赣南采茶戏

赣南采茶戏文化历史悠久,其民族特色旋律和客家语言相结合的方式具有独特的韵味,轻松自由的氛围、风趣幽默的语言和浓郁的乡土气息使其受到众人的青睐。赣南采茶戏从发源至今历经了清朝的繁荣鼎盛期、中华人民共和国成立前的没落衰败期及中华人民共和国成立后的重新发展期。2006年5月赣南采茶戏被国务院正式列入首批非物质文化遗产名录,由此可见国家和社会对赣南采茶戏发展和传承的重视;2008年在江西省电视剧奖当中获得文学繁荣项目的称号;2010年上海世博会中,赣南采茶戏向世界各国展现了自身独特的魅力,标志着赣南采茶戏的发展进入一个新的高度。

## （一）赣南采茶戏面临的发展问题

### 1. 市场不景气

现代社会飞速发展，智能时代的娱乐方式多样化，观众流失；传统的消遣娱乐方式发生变化，进戏院观赏剧目基本由借助媒介观赏所取代；观众兴趣发生变化，赣南采茶戏不符合现代观众的观赏要求；采茶戏演出形式与观众日常观演习惯不符；采茶戏发展在创新方面的局限性导致演出空间逐步缩小。

### 2. 人才缺失

赣南采茶戏艺人由于各种原因出现严重断层，青黄不接；赣南采茶戏人才培养模式比较落后，不能满足现阶段的社会所需。

### 3. 传播力度薄弱

对赣南高校大学生进行的相关问卷调查表明：赣南采茶戏几乎被年轻人淡忘，甚至连名字都非常陌生。赣南采茶戏在年轻观众上的空白导致潜在年轻学员的流失，致使极具挖掘和创新精神的青年演员急缺，从而又导致了传承方面的严重障碍，长此以往将陷入恶性循环的僵局。

## （二）赣南采茶戏发展的新思路

从剧本内容、音乐类型以及舞台展示等方面进行创新。首先，剧本内容可结合新型社会主义核心价值观，反映社会现象并符合新时代大背景的新剧目内容。其次，在音乐类型方面，结合时代元素，同时融入综合化元素和现代价值理念，通过有效借鉴和整体塑造实现该音乐艺术体系的时代化和内涵化，从而达到赣南采茶戏音乐与现代艺术的完美结合。最后，在舞台展示方面，在保留其精妙的矮子步、单筒袖、扇子花三绝技巧的同时，注重服装、灯光、音乐和氛围的结合，由此将传统文化与现代的舞蹈潮流相结合，塑造更好的舞蹈形态。

### 1. 走进校园

作为非物质文化遗产瑰宝的赣南采茶戏，其继承和发扬必须做到代代相传，才能确保不被边缘化甚至湮灭。为此应当效仿京剧和昆曲走进校园，将采茶戏作为中小学音乐课堂教学中的传统音乐欣赏，也可以直接作为视唱练耳的曲目开展教学；在艺术类高校作为必修课，非艺术类高校作为选修课；同时可将赣南采茶戏与现代健身操相结合作为高校体育项目之一。这样不仅充分激发了学生对传统艺术的学习兴趣，又在无形中普及了民族传统文化知识，将地方戏曲的种子播撒在年青一代的心中。

### 2. 走出国门

一方面，发展国内的外语人才作为采茶戏对外宣传的使者，将采茶戏的文化、精髓、价值和魅力通过另一种语言传达给不同文化的人；另一方面，在外籍人士群体中进行传播和宣扬也是加快采茶戏在海外知名度的有效方式之一。例如，赣南医学院来自印度、尼泊尔和巴基斯坦的外籍学生，以及江西理工大学来自泰国的交换生，他们都对了解中国文化有着浓厚的兴趣和迫切的渴望，我们可以通过向他们展现赣南采茶戏的精髓和魅力，将采茶戏文化传播到他们国家，推动采茶戏在海外的发展。除此之外，世界客属恳亲大会每两年举办一次，赣南采茶戏作为客家文化的艺术奇葩，举办世界客属恳亲大会时将其作为固定项目，由艺术团体前往海外进行演出，用最直接的方式将采茶戏推广至海外人群中、用最本土最地道的表演感动海外艺术爱好者。

### 3. 深入民间

首先，电视台广播台等媒体开通采茶戏频道，同时创建采茶戏网络平台，让采茶戏广泛深入街头巷尾。其次，年轻人迷恋的街舞，中年女性深爱的瑜伽以及老年人喜爱的广场舞也可以作为采茶戏深入民间的契合点，将这一来自劳动人民中的戏曲重新推向群众。

### （三）政府扶持，资源整合

在赣南非物质文化遗产不断完善并且旅游景区内容日渐丰富的特殊时代大环境下，应该争取政府的大力扶持，转变开发理念，创新整合思路，对革命历史文化遗产的当代利用、开发理念及方式进行科学的分析，以开发利用赣南采茶戏为核心，构建采茶戏艺术、茶叶基地及红色旅游综合开发利用的模式和结构体系，从而促进赣南采茶戏的发展，提升赣州特色文化产业结构，不断完善市场化运作。以此创造最大的经济效益，为引进专业人才、创新人才培养机制并保障赣南采茶戏在发展与传承过程中人才培养体系的逐渐完善。

# 第三节　抚州市与典型县（市）文化振兴发展

## 一、抚州市整体文化发展

抚州市，简称抚，是江西省下辖的地级市，位于江西省东部。抚州市北临鹰潭市、上饶市、南昌市，西接宜春市、吉安市，南毗赣州市，东靠福建省三明市、南平市。地处武夷山脉西麓，南、东、西三面环山，地势东南高，西北低。南部为雩山，中部为丘陵和河谷盆地，北部为鄱阳湖平原南缘。抚河自南往北纵贯全境，与黎滩河、宜黄河、崇仁河等汇合后注入鄱阳湖。抚州市南北长约 222 千米，东西宽约 169 千米，总面积 18819 平方千米，占江西省总面积的 11.27%。2018 年末常住人口为 404.72 万人，比 2017 年末增加 1.61 万人。

近年来抚州市文化广电新闻出版旅游局积极实施"文化强市"战略，扎实推动文化发展改革，在重大活动、设施建设、惠民服务、文物保护、市场监管、产业发展、人才培养等方面取得重要进展且成效显著，各项工作得到稳步发展。

2016 年，是抚州市文化发展史上浓墨重彩的一年。2015 年 10 月 21 日，习近平在英国访问时，提议中英两国共同纪念汤显祖、莎士比亚这两位文学巨匠，以此推动两国人民交流、加深相互理解。为贯彻落实好习近平的重要指示精神，在江西省委、省政府的坚强领导下，在中央有关部委、省直有关部门的大力支持下，抚州市紧紧抓住共同纪念汤显祖、莎士比亚、塞万提斯逝世 400 周年这一契机，精心组织、严密安排，广泛宣传中国优秀传统文化，积极开展中外文化交流活动，充分展示汤翁艺术的独特魅力、中国文化的传统韵味和抚州人民的精神风貌，唱响了汤显祖这出大戏，向世界讲好了中国故事，极大地增强了抚州人民的自豪感和自信心，纪念活动取得圆满成功，受到中外嘉宾和社会各界的广泛赞誉。此次纪念活动层次之高、规模之大、活动之多、范围之广在抚州历史上前所未有。根据抚州市 2016 年纪念汤显祖逝世 400 周年暨第三届中国（抚州）汤显祖艺术节总体工作方案安排，汤显祖逝世 400 周年纪念活动共计 44 项。主要活动集中在 2016 年 9 月进行。仅

9月24~26日共同纪念活动开幕之际，就组织举办了共同纪念开幕式、花车戏剧巡演、汤显祖艺术节、精品剧目展演、学术高峰论坛、纪念馆新馆开馆、"中国文化行"座谈等10多项活动，吸引了包括英国、西班牙在内的12个国家、119名外宾，241名知名汤学专家，102家中央、省市媒体323名记者，近30万名群众参加活动。

2017年，抚州市文化广电新闻出版旅游局积极实施"文化强市"战略，扎实推动发展文化改革，在重大活动、设施建设、惠民服务、文物保护、市场监管、产业发展、人才培养等方面取得重要进展且成效显著，各项工作得到稳步发展。抚州市荣获2017中国文化竞争力十佳城市称号；抚州市文化广电新闻出版旅游局荣获"2017年度设区市文化工作创新先进单位"称号；汤显祖戏剧节暨国际戏剧交流月活动荣获2017年度"TC奖年度旅游营销活动大奖"；汤显祖纪念馆荣获第十四届全国博物馆十大陈列展览精品推介优胜奖；抚州市文化综合执法支队获得2016年度国家版权局授予的查处侵权盗版案件集体二等功；抚州市图书馆荣获全国文明单位称号。

## 二、抚州市临川区文化振兴发展

临川区东与金溪县、东乡区毗邻，西倚崇仁县、丰城市，南濒南城县、宜黄县，北与南昌市、进贤县接壤。

临川文化是临川区域人民长期以来形成的生存方式，是具有浓郁风情和民情的区域文化。历史悠久的临川文化凝聚着临川人民的创造才能与杰出智慧，也体现了临川人民独特的思维模式与行为习惯。寻找临川文化的历史渊源和相对稳定的文化基因，是建立临川文化概念的基础。

临川文化是在"地广人稀，火耕水耨"的江南大地上崛起的农耕型文化。临川是江南较早被开发的地区之一，它的原始文明是由北方迁徙来的百越系统中的一支与当地土著人共同创造的。临川，春秋时属百越之地，而临川文化的最初胚芽，应当在这个复杂的百越系统中找到渊源。据分析，古于越人曾迁于此。于越，为于人与越人结合而成。越人为夏禹之裔少康之后，是百越中的一支，后来与东夷族人结合为于越。于越的结合时间在商代中叶。于越在商朝不断打击之下，逐渐南迁至江汉之间，随着楚人向南发展，于越只得向东南迁徙。

临川文化辐射的临川区域，远古时期多沼泽、丘陵，草木繁茂，气候湿

润。各种文物资料表明，早在四千多年前，临川就有人类繁居。尽管当时土
著居民还处在"火耕水耨，民食鱼稻"的时代，但异于北方的游牧民族，由
渔猎进而为农田。而从北方迁徙来的于越人，带来了比当时南方未开化地区
更先进的生产工具，极大地提高了生产力水平，初步形成了原始的农耕文化
特征。

临川文化是在北方政治、经济、文化中心南移后，在南北文化交流、碰撞
中迅速繁荣的一支典型的区域文化。临川邻近南昌，古代是进入闽粤沿海的交
通要冲。在我国历史上几次重大的民族大迁徙过程中，江西都融受了大量的北
方移民。这也是临川文化得以蓬勃发展的重要契机。永嘉之乱后，从北方人口
第一次大规模迁徙开始，已有规模不小的士族南下，淮河虽然阻隔南北，但其
支流大都源远流长，呈西北、东南走向，而且多有舟楫之利，给河南、山东一
带移民向东南移入安徽提供了方便。淮河到安徽后，又涌入江西，甚至途经
江西向闽粤或湘桂迁徙。这时临川地区已接受了不少北方客家移民。临川属
丘陵地带，但河流切割山地形成峡谷，贯穿盆地形成很多冲积平原，自然条件
较好，且人烟并不稠密，极易接受客家移民。客家移民进入临川的结果，是带
来了大量的新鲜的先进的北方文化，极大地提高了当地土著的生产力水平，甚
至使当地的人口结构和语言音素都发生了巨大变化，如客家语言对临川语言的
影响。

临川自古文风昌盛，英才辈出。早在唐朝，著名才子王勃在他所写的传世
名作《滕王阁序》中，就发出过"邺水朱华，光照临川之笔"的由衷赞叹，"临
川之笔"成了"临川才子"的代称。至宋，又因科举连捷，人才辈出，被著名
学者董震誉为"人才之乡"。到了明朝中叶，随着赣东民谣临川才子金溪书的
广泛传播，"人才之乡"便被人民大众改称为"才子之乡"。长期以来，临川人
民既引以为荣，又深感过誉，一直把它作为鼓励鞭策、奋勇上进的精神力量。

宋代，临川人通过科举踏入仕途，有2人官至宰相，2人膺任节度使，4
人官拜御史，17人官任尚书、侍郎，10人担任知府、刺史，俱各政绩显著，
特别是晏殊、王安石，不愧为临川才乡出类拔萃的人物。晏殊在宋仁宗时担任
宰相，"大兴学校""力进贤才"延续北宋初期和中期的"太平盛世"，名垂后
世。王安石在宋神宗时担任宰相，"矫世变俗，推行新法"，改变北宋积弱积贫
的局面，功著千秋，他的"天变不足畏，祖宗不足法，人言不足恤"的坚定执
着，一往无前的改革精神，至今仍然在国内外产生深刻影响。

在两宋文坛，临川也是人才济济，各领风骚。王安石是中国历史上最著

名的文学家之一。他的散文雄健峭拔，政论性强，与韩愈、柳宗元、欧阳修、苏轼、曾巩等并称为"唐宋八大家"。他的诗、词雄奇精练，脱俗不群，与欧阳修、苏轼、黄庭坚并称为"北宋文坛四大家"。他和欧阳修主持诗文革新运动，反对华而不实的文体，提倡晓畅明白的文风，把诗文创作引上健康发展的道路。晏殊和他的幼子晏几道被称为"临川二晏"，都是北宋词坛上的杰出人物。他们开创了北宋有名的婉约词派，被后人誉为"倚声家之初祖"。同一时期，境内还有王安礼、王安国、王雱（世称"临川三王"），谢逸、谢薖（世称"临川二谢"），危稹、危和（世称"临川二危"），陈郁、陈世崇（世称"临川二陈"），汪革、饶节、邬虑、刘儞、欧阳辟、俞国宝、邓名世等一批文人才士，在诗、文、词、赋上的成就也很高。

明代临川的人才，仍以科举为阶梯。从洪武到崇祯，境内先后有213人考取监生，364人录为贡士，302人乡试中举，166人进士及第。通过考试，先后有383人入仕，其中御史4人，巡抚总督1人，尚书侍郎8人，布政使3人，知府27人，知州21人，总兵、守将11人，担任同知、知县的多达136人。职官中，有中央的，有地方的，有文臣，有武将，有内政，有外交，有义士，有净臣。人才结构的群体性和多样性，"比两宋有过之无不及"。

清朝临川入仕者居高位的不多，但都才华出众，为世人瞩目。一代才士李来泰，"博学多识，工诗善文"，康熙十八年（1679年）参加"博学鸿词科"考试，力挫来自全国各地的178名儒宿学，夺得高魁，再次为才乡争得了声誉。循吏纪大奎，任四川什邡知县时，"兴利除弊，发展生产"，深受当地士民爱戴。清官马汝良，任山西黎城知县时，巧断大案、要案；铁面无私，为受害者申冤解恨，时人称为马青天。爱国志士英华维翰，任吉林呼兰知府时，"雷厉风行查禁罂粟，力阻外轮驶入呼兰内河"，保护了人民利益，维护了国家主权，"东北舆论，交相称许"。

临川人才遍布国内外，自中华人民共和国成立后，科技教育界培育出了2名学部委员、3名大专院校校长、81名大学教授、副教授，获得副编审、副主任医师、高级讲师、高级教师等职称的有240人，人才多种多样。

1988~1989年，《江西日报》又先后发表了《"才子之乡"才子辈出——临川今年高考千人中榜奥秘》《临川为何才子多》的专稿，全面介绍临川重视教育，培养人才的经验，使才子之乡名闻全国。

## 三、抚州市南丰县文化振兴发展

南丰县是中国江西省抚州市下辖的县，位于江西省东部、抚州市南部。东邻黎川县、福建省建宁县，西依宜黄县、宁都县，南连广昌县，北接南城县。东西长60千米，南北宽55千米。福银高速、济广高速与规划中的丰城至南丰高速、福建莆田至湖南炎陵高速穿境而过，向莆铁路与规划中的丰瑞城际铁路贯穿全境，G206国道、G322国道纵横交叉，赣东南通勤机场设点境内。

傩舞是广泛流传于各地的一种用来驱鬼逐疫、祭祀的民间舞，是傩仪中的舞蹈部分，一般在农历大年初一到正月十六期间表演。现存傩舞主要分布在江西、安徽、贵州、广西、山东、河南、陕西、湖北、福建、云南、广东等地，各地分别有"跳傩""鬼舞""玩喜"等地方性称谓。傩舞历史悠久，成型于周代的宫廷"大傩"之礼，在《周礼》中有明文记载。在历史的发展过程中，傩舞在不同地区形成了不同的风格样式，且在傩仪中占有不同的比重。傩舞表演时一般都佩戴某个角色的面具，其中有神话形象，也有世俗人物和历史名人，由此构成庞大的傩神谱系，"摘下面具是人，戴上面具是神"。傩舞伴奏乐器简单，一般为鼓、锣等打击乐。表演傩仪傩舞的组织称为"傩班"，成员一般有8~10人，常有严格的班规。傩舞常在傩仪仪式过程中的高潮部分和节目表演阶段出现，各地的傩舞节目丰富，兼具祭祀和娱乐的双重功效。

傩舞是"跳傩"的主要表现形式，原为祭神驱疫的仪式舞蹈，后发展为娱神娱人的傩舞。南丰傩舞流传于江西省南丰县180个村庄，传播面广，是民众喜爱的民间舞形式。南丰傩舞历史悠久，几经演变，清初傅太辉《金砂宋氏傩神辨记》载："汉代吴芮将军……祖周公之制，传傩以靖妖氛。"可见汉时南丰一带已有跳傩。经过一千多年的发展，到明清时期，南丰跳傩吸收了戏曲、木偶、灯彩、武术等多种表演技艺，变得更加世俗化、娱乐化。中华人民共和国成立后，传统的跳傩在民间依旧传承，延续着其草根文化的命脉。

南丰傩仪结构复杂，由跳傩仪式、杂傩仪式等构成。跳傩仪式由起傩、跳傩、驱傩等基本程序构成；杂傩仪式有"跳竹马""跳和合"及"跳八仙"仪式三种。南丰傩仪中的舞蹈形态众多，现保留82个，其中包括单人舞《开山》《钟馗》《财神》《哪吒》，多人舞《跳判》《傩公傩婆》《对刀》，技巧舞《演罗汉》《观音坐莲》《普贤骑象》及舞剧节目《西游记》等。南丰跳傩面具造型各异，千容百态，有 180 种之多，其中包括驱疫神祇、民间俗神、释道神仙、传奇英雄、精怪动物、世俗人物等。其所用道具法器名物众多，主要可分为五类，兵器军具类包括斧、刀、枪等，法事器具类包括铁链、桃剑、棕叶等，食物供品类包括三牲（肉、鱼、鸡）等，生活用具类包括手巾、镜子、酒杯等。南丰跳傩内容丰富，形式多样，地方风味浓郁，文化底蕴深厚，深受民众的喜爱。

## 四、抚州市特色文化项目——汤显祖与临川四梦

16 世纪汤显祖的诞生及其杰出的戏剧创作成就，是临川文化最可引以为豪和骄傲的部分。

汤显祖，字义仍，号海若、若士、清远道人，晚年又号"茧翁"，江西临川人。1550 年 9 月 24 日生于江西抚州府临川县城东文昌里（今抚州市桥东太平街）。明代杰出的剧作家、文学家，在中国和世界文学史上都有着重要的地位，被誉为"东方的莎士比亚"。

汤显祖从小聪明好学，21 岁时中举。由于不肯依附权贵，虽博学多才、"名布天壤"，直到 34 岁才中进士。后历任太常博士、詹事房主簿、礼部祠祭司主事。明朝万历十九年（1591 年）他目睹当时官僚腐败愤而上《论辅臣科臣疏》，弹劾大学士申时行并抨击朝政，触怒了皇帝而被贬为徐闻典史，后调任浙江遂昌县知县，一任五年，政绩斐然，却因压制豪强，触怒权贵而招致上司的非议和地方势力的反对，终于万历二十六年（1598 年）愤而弃官归里，潜心于戏剧及诗词创作。之后，汤显祖完成不朽巨著《紫钗记》《牡丹亭》《南柯记》《邯郸记》，世称"临川四梦"。"临川四梦"以《牡丹亭》的成就最高。《牡丹亭》是一部富有浪漫主义色彩的戏剧杰作。中华人民共和国成立后，梅兰芳、言慧珠、俞振飞等著名京剧表演艺术家曾联袂演出他的折子戏《春香闹学》和《游园惊梦》，引起轰动，又拍成电影，发行全国。1981 年和 1982 年，北方昆剧院、上海昆剧团先后将它搬上舞台，连续演出，场场爆满。现在，这部历史名剧已被译成日、德、法、英、俄等多种文本，在许多国家（地区）演出，评价极高。

汤显祖的哲学思想和政治理想，集中反映在他的"临川四梦"之中。"临川四梦"所达到的思想成就和艺术成就，为我国戏曲戏史、文化史写下了辉煌灿烂的一页，也因此，汤显祖才成为我国乃至世界上的文化巨人。

# 第四节　吉安市与典型县（市）文化振兴发展

## 一、吉安市文化发展现状

吉安市，江西省地级市，长江中游城市群重要成员，位于江西省中部，赣江中游，西接湖南省，南揽罗霄山脉中段，据富饶的吉泰平原，是江西建制最早的古郡之一，是赣文化发源地之一。吉安市东邻抚州市，南连赣州市，西接湖南省的郴州市、株洲市，北与宜春市、新余市接壤。

2015年，吉安市文化广电新闻出版旅游局坚决贯彻市委市政府和上级主管部门的决策部署，改革创新，文化工作成为推动全市经济社会发展的强大动力，为维护社会和谐稳定提供强大支撑，为提升庐陵城市形象做出积极贡献。制订全面深化改革工作计划，将改革任务以任务书、时间表和路线图的方式推进落实。开展"三单一网"工作，将行政职权精简到225项，行政审批项目精简到4项。加强文化市场行政审批规范化建设，制定全市统一的文化市场行政审批流程和程序。

2015年，吉安市共投入建设资金1000多万元，按照"十个一"的标准，打造一大批惠及城乡的文化基础设施；投资168.5万元，推动建立图书馆文献资源文献通借通还，实现14家公共图书馆全联网，成功搭建起文献通借通还服务平台，在江西省率先实现公共图书馆之间图书借还一卡通，文献资源共建共享。推出"白鹭洲大讲堂""书香走廊""炫彩童年"等免费开放服务品牌。

2016年，吉安市文化产业招商引资工作取得良好成果，引进的项目多、资金额大。其中，在建和新开工的文化产业项目达21个，在建项目总投资39.41亿元。恒大影城、印刷包装文化创意产业园项目、吉州窑陶瓷博览城等落户吉安市。举办首届（全国）木艺文化博览会，来自全国21个省市和地区的200余企业单位参展，共计成交额约1440多万元，投资额达1.2亿元。吉安国家印刷包装产业基地荣获2016年度全国优秀基地。

2017年，吉州窑国家考古遗址公园成为江西省唯一入选第三批国家考古遗址公园名单。富田诚敬堂维修工程获"全国优秀文物维修工程"称号，成为江西省唯一获此殊荣的文物维修工程。白鹭洲书院修缮和书院陈列布展工程2017年1月完成并对外开放。吉安市17个博物馆（纪念馆）馆藏文物21769件，其中一级文物790件。各地博物馆（纪念馆）共接待参观人数495.58万人次，远超2016年同期数。吉安市成功举办2017年"文化和自然遗产日"江西省非物质文化遗产精品项目展览、展演、展示（吉安专场）系列活动。9个非物质文化遗产代表项目被省政府列入第五批省级非物质文化遗产代表性项目名录。省级非物质文化遗产项目——"龙冈畲族禾杠舞"被央视《新闻联播》报道。

2018年，吉安市文化广电新闻出版局紧紧围绕人民群众精神文化需求，加大艺术创作，提升公共文化服务能力，发展特色文化产业，规范文化市场管理，活跃对外文化交流。吉安市"乡村春晚"和非物质文化遗产展演系列活动被《经济日报》和CCTV《新闻直播间》报道。"庐陵文化大舞台"——2018年"元宵乐"民俗文化志愿者活动，被中央电视台报道；吉州区习溪桥街道广场社区艺术团被文化部评选为2017年基层文化志愿服务典型团队，永丰县被评为省级历史文化名城。

## 二、吉安市青原区文化振兴发展

青原区，隶属于江西省吉安市，地处江西省中部，版图呈长条形，周边与吉安市吉州区、吉水县、永丰县、兴国县、泰和县接壤。青原区是在2000年9月吉安撤地设市时经国务院批准组建的县级行政区，由原县级吉安市、吉水县、吉安县所属的10个乡镇场组成。青原区为吉安市中心城区和吉泰走廊核心区；青原区境内地势大体由东南向赣江逐级降落，从东南边境依次为山地、丘陵、河谷平原（吉泰平原）。该区域属中亚热带，受寒暖气流的交替影响，形成亚热带季风湿润气候，四季分明。2016年11月，青原区成功入选原农业部公布的"2016年全国休闲农业和乡村旅游示范县（市、区）"；2018年，青原区完成地区生产总值86.07亿元，实现财政总收入10.32亿元；2019年3月，青原区入选第一批革命文物保护利用片区分县名单。

2018年，为策应"全景吉安、全域旅游"发展战略，江西省吉安市青原区将举办以"文化庐陵行旅青原"为主题的第八届庐陵文化旅游节。本届文化旅游节活动精彩纷呈，包括"青原礼赞"音乐会、"中国青原"研学旅行高峰论坛、传统民俗展演等系列主题活动和具有地方特色的旅游文化活动。

据了解，"中国青原"研学旅行高峰论坛是本届旅游文化节的一大亮点。

论坛将邀请业界知名专家学者，共同探讨旅游热点话题。围绕研学旅行主题，青原区还精心设置了"探访'将军村'追忆革命精神""感受畲乡风情体验欢乐时光""参观革命旧址传承红色基因"等八大特色课程，并推出一系列研学旅行活动。

近年来，青原区依托丰富的资源优势，重点打造了青原山、渼陂、富田、东固四大旅游景区。为加速打造全域景区，突出文化韵味，青原区以景区标准推进城镇提升、生态建设、文化发展、社会服务等，逐步实现从单一景点建设向全域景区化改造迈进，从观光游、过境游向休闲游、体验游迈进，从门票经济向"旅游＋业态"迈进，力争打造环境优美、文化厚重、业态丰富、配套完善的美丽中国全域旅游示范样板。

为营造全域旅游良好发展氛围，扩大青原旅游知名度和影响力，青原区还积极探索旅游节庆营销，做到"月月有活动，节节有亮点"，先后举办了"纪念东固革命根据地创建 80 周年""纪念青原山净居寺建寺 1300 周年""纪念行思禅师诞辰 1340 周年"等活动，景区节庆活动取得一定成果。

### 1. 青原箍俚龙

箍俚龙是流传在青原区新圩镇栗溪村的民间灯彩，始于元代。因其灯体由 1000 多只篾箍连缀而成，故而得名。

箍俚龙为九节，无彩珠。其表演一般是"双龙并进"，即两条龙同时表演。各为九人，一人持龙头，一人持龙尾，其余持龙身。出龙时，前面有牌灯、花灯、鲤鱼灯等各种彩灯开路，伴有民间吹打乐。整个表演过程分巡场、咬尾、单穿花、双穿花、摆字、绕柱、盘王七个花节。表演行进、穿花、绕柱时形似巨蟒，威武雄壮。表演盘王花节时，龙头居中，龙身至龙尾盘结成一个大螺旋体，犹如蛇之歇息，只见龙身颤动，而不见表演者，每每到此，观众拍手叫绝，气氛达到热潮。

箍俚龙曾更名为"东方巨龙"，是因为 1958 年首次对其挖掘整理复排时，在传统"天下太平"等摆字花节基础上，尝试摆出"东方巨龙"四字花节。因其符合箍俚龙身躯壮硕、气势非凡的特点，受到普遍认可，遂将其更名为"东方巨龙"。1984 年，在开展民舞普查、编撰《中国民族民间舞蹈集成》时，原吉安县文化馆出于对传统的尊重和该龙灯的结构特点，依然采用其"箍俚龙"原名。

## 2. 青原喊船

喊船是流传在青原区富水河一带古老的民俗活动，由民间自发组织，目的是驱邪保平安。其表演程式复杂，表演气势雄浑，民俗内涵丰富，地方特色浓郁。

每年除夕上午请神，大年初一夜开始喊船。村中以房族为单位，推荐或指派喊船人员每晚轮流值班，并负责在吉先祠内装香点灯敬神等。喊船名为喊，实则唱，有号谱，有唱词，有锣、鼓、钹、镲、唢呐、二胡等乐器伴奏。由一人领唱，众人附和，男女老幼喊一阵，歇一阵，直至三更过后，夜宵完毕散场。每晚必喊，闹到正月三十下元宵。

农历二月初二送神日。上午9时齐聚胡氏总祠敦仁堂，列队、依序围着院中篝火转三圈。三声神铳响后，鞭爆齐鸣，掌香敬神的长者双手端着供盘，庄重而虔诚地向祠堂门前的菩萨献上供品，毕恭毕敬地揖拜三阵。敬奏祖宗神明后，喊船队伍唱起喊船歌："哎啊——禳灾祈福保平安……"大家唱一段，锣镲应一阵，三段三阵后，龙舟启动，一帮扛着木雕龙舟的船工，叫着号子"咳呵……咳呵……"像划船般跨步前行。船头有神采奕奕的导航将军，船内装有木雕将神，有专管神船的儿郎神，有专管境土的米谷神，有雷公雷母的大神画等。18般武器的銮驾护卫、龙灯、仙姑女、渔翁、蚌壳精相随。一众人马，举着彩旗，敲锣打鼓，吹响喇叭，绕村周游。奏乐声、歌唱声、号子声、鞭炮声、神铳声，此起彼伏，交响成一曲新春佳节祈福保平安的大合唱。

喊船队伍绕村一周后回到村后财神古庙前大广场，进行神将武功大表演。表演完毕，人们扛着纸折龙头、龙尾、纸船等至村头江边，焚香燃炮，唱着喊船歌，将各路菩萨送入大江。至此，整个喊船活动结束。

## 3. 青原烟花傀儡

吉安青原烟花傀儡，古称药发傀儡，是一种集烟花、编扎、剪纸、雕刻、绘画、木偶、戏剧于一体的"瓦舍技艺"。起于隋唐元夕灯会，盛于两宋都市，传于明清节庆赛会活动。

宋人辛弃疾在江西铅山已见元宵烟花歌舞盛况。青原烟火傀儡，随梁氏先祖来江西开基定居而进入庐陵渼陂。《庐陵县志》记曰："元宵城外张灯作乐。十六日后，赛神会宴，夜则有鳌灯，剪彩镂刻颇工致，灯火烛天，月尽乃止。"

邻县万安、遂川、吉水皆有传播。万安名花本，吉水叫架花，遂川称烟火礼花。每于正月元宵夜，架设花树一根，上悬高约两米花筒，筒内装有七层至十一层花盘，每盘置放各式各样戏曲人物与仙佛形象。燃放时，以"地老鼠"引火点燃花盘第一层，逐层依次张开，燃烧烛光，层层展现神话、戏文，一层一个故事，一层一个情景，每层相持一刻钟，全台表演历时一至两小时。期间，花筒四周彩焰齐发，此起彼落，天上地下，火珠闪烁，五彩缤纷。

青原烟火傀儡的燃放表演，常于龙灯、狮子、彩船、异神、跳傩结伴，歌声阵阵、锣鼓喧天。观者若狂、万众同欢。青原烟花傀儡，延续千年。1986年青原烟花艺人梁兴祜制作了最后一台。1994年梁氏去世，青原烟花傀儡的制作从此停业，后继乏人，岌岌可危。

# 三、吉安市井冈山文化振兴发展

井冈山市位于江西省西南部，地处湘赣边界、罗霄山脉中段，东邻泰和县，北接永新县，南临遂川县，西接湖南省茶陵县、炎陵县。井冈山市属亚热带季风气候，四季分明，雨量充沛。

## 1. 井冈山大陇案山

大陇镇以 1928 年创建井冈山革命根据地第一个红色圩场为历史背景，依托案山自然村优美的自然风光和红色题材，充分打造本地客家文化陇上行乡村旅游精品示范点，很好地唱响了"红圩坊""卖油郎"等红色故事，引进了社会资本入驻，成立了旅游公司，做好红色文章，打造红色文旅特色小镇，不断丰富旅游产品体系，2019 年列入全国乡村旅游重点村名单。

## 2. 泰和县马市生态文化旅游特色小镇

自中华人民共和国成立后，成为红色教育基地，如今总投资 10 亿元，建设期两年。项目列入 2018 年江西省大中型建设项目，成为吉安市首个 PPP 落地项目。建设范围为蜀口洲风景区、马家洲集中营两大片区，建设内容为蜀口洲入口服务区、蜀江古村文化旅游区、蜀江丽乡慢村旅游区、马家洲红色旅游区等多个功能区。马家洲集中修缮后，一个红色主题公园也已经基本建好，正在打造红色特色小镇，以讲好红色故事，传承革命精神为主。

### 3. 遂川草林红色圩场

遂川草林圩场为井冈山斗争时期毛泽东同志亲手创建的第一个红色圩场。该圩场被列为中国井冈山干部学院现场教学点，吉安市首批特色小镇建设示范点。由草林镇政府组织编制的《遂川县草林镇红色圩场特色小镇建设专项规划》在2019年通过专家评审、公示后已经投入建设中。小镇总投资9.12亿元，包括圩文化主题街区、圩文化体验景观轴、茶养休闲度假区、原乡聚落居住区、茶文化主题园、商贸物流区、综合服务区等工程。至2020年初，草林圩场毛泽东旧居旧址群已经对外试开放。

## 四、吉安市特色文化项目——红色文化

红色文化在中国有着特殊的历史和地位，它是中国共产党和中国人民共同创造的财富，也是中国共产党领导中国人民近百年来革命和建设的精神根基和民族意志的体现，饱含着党和人民群众的血肉之情、鱼水之情。处于三省交界的井冈山地区，文化自古就是在不断地交流中形成的，乡土文化有着独特的文化底蕴，即客家的采茶文化、湖湘的爱国情怀、庐陵地区的文学积淀，还有客家与中国革命本身结合的独有文化，从方言、茶文化、民俗、祭祀等民间文化活动里都有体现。井冈山地区的乡土文化是老百姓历经数代积淀而成的民间文化，自个人到家族都和这些文化有着深刻的联系，人民与文化一起成长发展，文化渗透在人民的日常生活中且早已成为生活的一部分，文化的表现形式亦成为群众凝聚力的集中体现。

为发扬光大井冈山的红色文化，需要不断进行创新，一定区域的乡土文化有着自身的特性，两者能够合理融合，向同一个方面努力，红色文化的潜力一定会被更好地挖掘出来。乡土文化的注入不是笼统的结合，而是要在不同的地区面对不同的人群进行有所区分的注入，最终形成合力为红色文化创新服务。乡土文化的生命力需要持续的挖掘，红色文化要有自己的特点，不能让全国的红色文化共性太多、个性太少，在不失本真、不忘初心的情况下联系群众、了解群众，让两个悠久的文化在现代化的今天再次焕发出强大的生命力。只要多方面努力，将表现形式进行创新，扎根群众、扎根生活、扎根历史以拓宽创作思路，进一步拓展宣传和学习方式，唤醒艺术的红色基因，就一定能推动红色文化的稳步发展。

# 第五节 赣州、抚州、吉安文化振兴发展比较

## 一、艺术表演团体个数

汇总抚州、吉安的艺术表演团体个数及增长率情况，并绘出图 4-1。通过图 4-1 可以得出，抚州的艺术表演团体个数多于吉安，其中，抚州艺术表演团体个数在 2014 年增长特别快，而吉安市艺术表演团体个数近几年保持稳定。

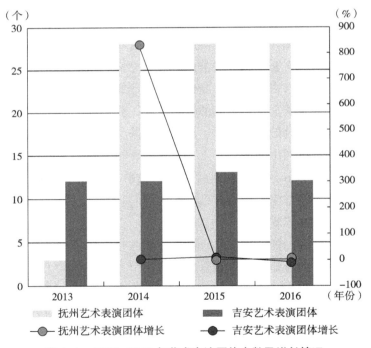

**图 4-1　2013~2017 年艺术表演团体个数及增长情况**

资料来源：2014~2018 年《抚州统计年鉴》、《吉安统计年鉴》。

## 二、组织文艺活动次数

汇总赣州、抚州的组织文艺活动次数及增长率情况，并绘出图4-2。通过图4-2可以得出，赣州的组织文艺活动次数多于抚州，其中，赣州的组织文艺活动次数增长率在2014年较高，而抚州市组织文艺活动次数近几年相对稳定。

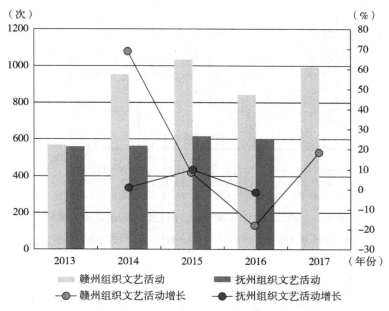

图4-2　2013~2017年组织文艺活动次数及增长情况

资料来源：2014~2018年《赣州统计年鉴》、《抚州统计年鉴》。

## 三、文化馆、群艺馆个数

汇总三个地区的文化馆、群艺馆个数及增长率情况，并绘出图4-3。通过图4-3可以得出，三个地区的文化馆、群艺馆个数排名为：赣州>吉安>抚州。其中，三个地区的文化馆、群艺馆个数近几年维持相对稳定。

## 四、图书馆个数

汇总三个地区的图书馆个数及增长率情况，并绘出图4-4。通过图4-4可以得出，三个地区的图书馆个数排名为：赣州 > 吉安 > 抚州。其中，吉安的图书馆增长率在 2014 年较高，赣州、抚州的图书馆个数近几年来维持相对稳定。

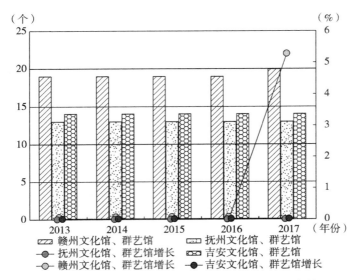

**图 4-3　2013~2017 年文化馆、群艺馆个数及其增长情况**

资料来源：2014~2018 年《赣州统计年鉴》、《抚州统计年鉴》、《吉安统计年鉴》。

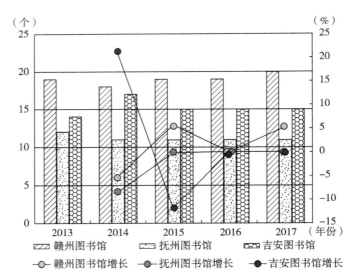

**图 4-4　2013~2017 年图书馆个数及其增长情况**

资料来源：2014~2018 年《赣州统计年鉴》、《抚州统计年鉴》、《吉安统计年鉴》。

# 五、图书馆总藏书册数

汇总赣州、抚州的图书馆总藏书册数及增长率情况，并绘出图4-5。通过图4-5可以得出，赣州图书馆总藏书册数多于抚州。其中，赣州的图书馆总藏书册数在2017年较多，抚州的图书馆总藏书册数相对稳定。

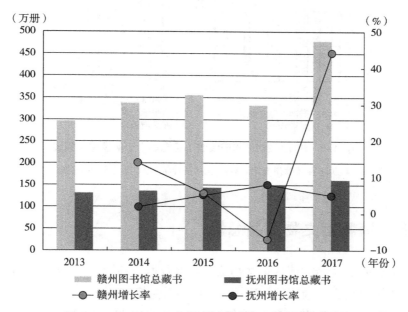

图4-5　2013~2017年图书馆总藏书册数及增长情况

资料来源：2014~2018年《赣州统计年鉴》《抚州统计年鉴》。

# 六、博物馆（纪念馆）个数

汇总三个地区的博物馆（纪念馆）个数及增长率情况，并绘出图4-6。通过图4-6可以得出，三个地区的博物馆（纪念馆）个数排名为：赣州 > 吉安 > 抚州。其中，吉安的博物馆（纪念馆）个数增长率在2014年较高，赣州的博物馆（纪念馆）个数增长率在2016年较高，而抚州的博物馆（纪念馆）个数保持相对稳定。

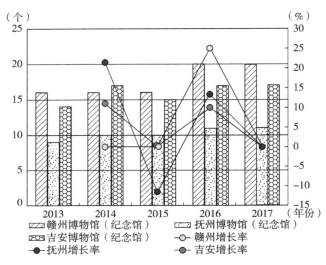

图 4-6　2013~2017 年博物馆（纪念馆）个数及增长情况

资料来源：2014~2018 年《赣州统计年鉴》《抚州统计年鉴》《吉安统计年鉴》。

## 七、博物馆文物藏品总量

汇总赣州、抚州的博物馆文物藏品总量及增长率情况，并绘出图 4-7。通过图 4-7 可以得出，赣州的博物馆文物藏品总量多于抚州。其中，抚州的博物馆文物藏品总量增长率在 2016 年较高，赣州的博物馆文物藏品总量逐年减少。

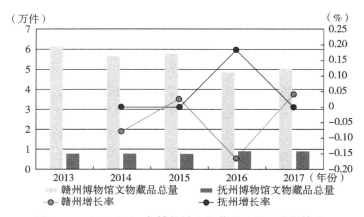

图 4-7　2013~2017 年博物馆文物藏品总量及增长情况

资料来源：2014~2018 年《赣州统计年鉴》《抚州统计年鉴》。

# 第五章

## 江西省老区社会保障振兴发展

## 第一节　社会保障的概念及分类

### 一、社会保障的基本概念

社会保障是以国家或政府为主体，依据法律，通过国民收入的再分配，对公民在暂时或永久丧失劳动能力以及由于各种原因而导致生活困难时给予物质帮助，以保障其基本生活的制度。社会保障的本质是追求公平，责任主体是国家或政府，目标是满足公民基本生活水平的需要，同时必须以立法或法律为依据。现代意义上的社会保障制度是工业化的产物，以 19 世纪 80 年代德国俾斯麦政府颁布并实施的一系列社会保险法令为标志，经历了发展、成熟、完善、改革等不同时期，各国根据各自的政治、经济和人口环境等因素，形成了各具特色的社会保障制度模式。中国社会保障制度主要包括社会保险、社会救济、社会优抚和社会福利等内容。

### 二、社会保障的分类

#### （一）社会保险

社会保险，是指国家通过立法建立的一种社会保障制度，目的是使劳动者因年老、失业、患病、工伤、生育而减少或丧失劳动收入时，能从社会获得经济补偿和物质帮助，保障基本生活。从社会保险的项目内容看，它是以经济保障为前提的。一切国家的社会保险制度，不论其是否完善，都具有强制性、社会性和福利性这三个特点。按照我国劳动法的规定，社会保险项目分为养老保险、失业保险、医疗保险、工伤保险和生育保险。社会保险的保障对象是全体劳动者，资金主要来源是用人单位和劳动者个人的缴费，政府给予资助。依法享受社会保险是劳动者的基本权利。

## （二）社会救济

社会救济，是指国家和社会对生活在贫困线以下的低收入者或者遭受灾害的生活困难者提供无偿物质帮助的一种社会保障制度。从历史发展看，社会救济先于社会保险。早在1536年，法国就通过立法要求在教区进行贫民登记，以维持贫民的基本生活需求。1601年，英国制定了济贫法，规定对贫民进行救济。中国古代的"义仓"也是一种救济制度。这些都是初级形式的社会救济制度。维持最低水平的基本生活是社会救济制度的基本特征。社会救济经费的主要来源是政府财政支出和社会捐赠。

## （三）社会福利

广义的社会福利，是指国家为改善和提高全体社会成员的物质生活和精神生活所提供的福利津贴、福利设施和社会服务的总称。狭义的社会福利，是指国家向老人、儿童、残疾人等社会中需要给予特殊关心的人群提供的必要的生活保障。

## （四）优抚安置

优抚安置，是指国家对从事特殊工作者及其家属（如军人及其亲属）予以优待、抚恤、安置的一项社会保障制度。在我国，优抚安置的对象主要是烈士军属、复员退伍军人、残疾军人及其家属；优抚安置的内容主要包括提供抚恤金、优待金、补助金，举办军人疗养院、光荣院，安置复员退伍军人等。

## （五）社会互助

社会互助是指在政府的鼓励和支持下，社会团体和社会成员自愿组织和参与的扶弱济困活动。社会互助具有自愿和非营利的特征，其资金主要来源于社会捐赠和成员自愿交费，政府往往从税收等方面给予支持。社会互助主要形式包括工会、妇联等群众团体组织的群众性互助互济，民间公益事业团体组织的慈善救助，城乡居民自发组成的各种形式的互助组织等。

# 第二节　赣州市与典型县（市）社会保障振兴发展

2019 年赣州市社会保险基金征收总额 100.08 亿元，比 2018 年减少 16.2 亿元。参加城镇职工基本养老保险人数为 137.68 万人，比 2018 年末增加 12.22 万人。参加城乡居民社会养老保险人数为 414.09 万人，比 2018 年末增加 2.09 万。参加基本医疗保险人数为 942.98 万人，较 2018 年末增加 0.64 万人，其中参加城镇职工医疗保险人数为 69.96 万人，较 2018 年末增加 3.11 万人，参加城乡居民医疗保险人数为 873.02 万人，较 2018 年末减少 2.47 万人。参加工伤保险人数为 60.91 万人，比 2018 年末增加 1.75 万人。参加失业保险人数为 37.63 万人，比 2018 年末增加 0.12 万人。参加生育保险人数为 45.11 万人，比 2018 年末增加 7.48 万人。

## 一、龙南市社会保障振兴发展现状

### （一）城镇职工基本养老保险

2018 年 12 月底，龙南市城镇职工基本养老保险参保人数达到 4.48 万人，完成全年任务的 109%，在职参保人数达到 3.52 万人，完成全年任务的 113.18%，基金征缴收入达到 19950 万元，完成全年任务 18703 万元的 106.67%。为 19 名符合条件的参保人员办理了助保贷款手续，贷款金额为 78 万元，为 395 人办理了养老保险关系转移手续，涉及金额 989 万元。

### （二）机关事业单位养老保险

2018 年 12 月底，龙南市机关事业单位养老保险参保人数达到 0.96 万人，完成全年任务的 104.34%，在职参保人数达到 0.63 万人，完成全年任务的 105%，基金征缴收入达到 10103 万元，完成全年任务的 101.88%。

### （三）养老金

2018 年 8 月，对全县 14957 名参保退休人员基本养老金进行了调整，其中企

业单位 11756 人，每人每月增加 111.12 元，机关事业单位 3201 人，每人每月增加 148.41 元，于 2018 年 8 月补发了 2018 年 1~7 月的增资金额并按调整后的标准发放；调整城乡居民养老保险待遇，2018 年 1~9 月，基础养老金标准由每人每月 80 元提高至每人每月 98 元，2018 年 10 月起，养老金标准再提高 7 元，即由每人每月 98 元提高至每人每月 105 元，调整后的待遇将于 2018 年 12 月底发放到位。

### （四）城乡居民养老保险

截至 2018 年 11 月底，龙南市城乡居民基本养老保险参保人数为 146172 人，完成全年任务的 100.6%。其中待遇领取人员 35800 人，共发放养老金 4482.26 万元，发放率达 100%。对参加城乡居民养老保险的被征地农民，按照每人 60631 元的缴费补贴标准划入其城乡居民养老保险个人账户。截至 2018 年底，共有 1004 余名被征地农民参加城乡居民养老保险。

### （五）失业保险

龙南市全面扩大了失业保险的覆盖面，对失业保险的覆盖范围、缴费标准、核定收缴等做了进一步明确。截至 2018 年底，失业保险参保人数达 24700 人，完成全年任务的 100%。

## 二、赣州市寻乌县社会保障振兴发展现状

### （一）基本养老保险基金

#### 1. 养老保险费收入

2018 年基本养老保险费收入 35973.46 万元，其中企业养老保险费收入 19678.97 万元，完成目标任务的 135%；机关事业养老保险费收入 16294.49 万元，完成目标任务的 141.55%。

2018 年企业基本养老保险费收入较 2017 年同比下降 14.63%，主要原因是 2017 年寻乌县共有 7105 名符合条件的被征地农民办理参保缴费，其中当年新增参保人数为 3003 人，大部分均为超龄一次性补缴办理退休人员，被征地农民缴交保费约为 7910 万元。

2018 年机关事业养老保险费收入较 2017 年同比增长 47.01%，原因是 2018 年度收到 2014 年 10 月至 2016 年 10 月清算保费收入 6540.15 万元及财政

预付保险费 216.13 万元。

## 2. 其他各项收入

2018 年企业利息收入 898.72 万元，较 2017 年同比增长 58.7%，主要因为 2018 年财政专户大额定期存款稳定，实现保值增值；机关事业利息收入 43.98 万元；企业转移收入 802.7 万元；财政补贴收入 2790.2 万元，其中 2018 年提前下达企业中央财政转移支付资金 4096 万元，2018 年第一批预拨机关事业中央财政转移支付资金 652 万元，2018 年企业职工养老保险省级补助资金 73 万元，2018 年第二次预拨机关事业中央财政转移支付资金 264 万元，手联社、未参保大集体人员养老保险基金省级补助 63.2 万元；上级补助收入 2152 万元，主要是企业职工基本养老保险省级调剂金 2152 万元。[①]

## 3. 基本养老金支出

2018 年基本养老金支出为 26662.16 万元，其中企业基本养老金支出 14658.12 万元，较 2017 年同比增长 17.87%，其中调待支出 933.21 万元；机关事业单位基本养老金支出 12004.04 万元，较 2017 年同比增长 12.06%，其中调待支出 460.55 万元。

## 4. 丧葬抚恤补助及转移支出

2018 年丧葬抚恤补助 315.55 万元，较 2017 年同比增长 3.06%；转移支出 114.51 万元，较 2017 年同比增长 70.9%。

## 5. 基本养老保险基金累计结余

2018 年基本养老保险基金期末累计结余 83883.55 万元，养老金可支付月数为 37.15 个月；其中企业基本养老金累计结余为 77490.54 万元，支撑能力为 61.63 个月；机关事业单位养老保险累计结余为 6393.01 万元，支撑能力为 6.39 个月。

## （二）其他往来款项

2018 年其他往来款项包括企业暂收款中的其他项目，共有 55696.68 元，

---

① 数据来源于寻乌县人力资源和社会保障局 2013 年政府信息公开年度报告。

主要来自以前年度不明来款 6351 元及代发"军转干"、退役士兵及各参战人员生活补贴费用结余 49345.68 元；机关事业暂收款中的暂收养老保险费 183398.2 元，主要指未冲减完的生态公益林场预缴保费。企业（含其他）暂付款中的其他项目共 3669.99 元，主要是暂未清理的历史遗留挂账资金 2353.59 元及以前年度垫付银行结算手续费 1316.4 元。

### （三）企业年金和个人储蓄性养老保险

其中，企业年金 11997.21 元，个人储蓄性养老保险 3987.70 元，此两项是以前年度结余，现在全部计入财政专户企业账户，其所产生的利息与财政专户企业账户利息混合，未单独计入利息收入。

### （四）存在的困难

虽然寻乌县社会保险事业管理局养老保险业务在上级业务部门精心指导下取得了较好的成绩，但是仍然存在不少困难和问题，主要表现在以下三个方面：

（1）养老保险扩面征缴难度仍较大，目前工业园区企业扩面参保正逐步展开，但不少私营企业仍普遍存在等待、观望态度，投保、参保的积极性不高。个体工商户、灵活就业人员甚至失地农民普遍认为当前缴费基数较高，承担压力较大。

（2）受目前整个社会经济环境影响，多数企业生产不稳定，用工形式灵活，人员结构复杂，从业人员流动性大，劳动关系不稳定，财务管理和资金流向监控难，给养老保险扩面征缴的执行造成较大困难。

（3）机关事业单位养老保险（含职业年金）于 2019 年 1 月移交税务征收，但在征缴环节存在脱节现象，同时，新经办系统启用后出现不稳定的情况。寻乌县职业年金基金归集账户于 2018 年 11 月开始归集，但 2017 年以来预征缴个人部分职业年金如何移转归集户并进行财务记账存在困难。

## 三、赣州市崇义县社会保障振兴发展现状

### （一）社会养老保险

自 2011 年 7 月 1 日起，崇义县在省市的大力关心和支持下，纳入全国第三批新型农村社会养老保险（简称"新农保"）和城镇居民社会养老保险（简

称"城居保")试点县,两种保险分别设立专户,同步进行,根据2014年2月21日《国务院关于建立统一的城乡居民基本养老保险制度的意见》和2014年11月18日《江西省城乡居民基本养老保险实施办法》文件精神,将新农保和城居保两项制度合并实施,建立统一的城乡居民养老保险制度,统一命名为城乡居民养老保险。2015年采取"网络终端+商户+社会保障卡(银行卡)"的模式,按照"六个一"标准,在124个行政村建立134个城乡居民基本养老保险村级金融便民服务点,便民服务点行政村覆盖率100%,打造"家门口银行",村民足不出村就能完成参保缴费、养老金领取、小额取款、消费、转账等事项,为群众架起一座金融"连心桥"。

## (二)社会保险参保缴费

2011年7~12月,崇义县应参保人数104425人,已参保人数67919人,收缴保费1202.96万元,参保率为65.04%,超额完成市政府下达参保率50%的目标;为19684名60岁以上符合待遇领取条件的城乡居民发放866.019万元基础养老金,发放率为100%。

截至2012年12月31日,江西省政府下达民生工程任务数为84934人,完成1063361人,完成任务数的125.2%。赣州市政府下达应参保人数为117904人,完成106336人,完成参保率90.19%,其中16~60周岁参保人数为80093人,收取保费865.81元,为26243名60周岁以上参保人发放养老金,累计发放养老金14262937.00元。

截至2013年12月31日,江西省政府下达民生工程任务数为90702人,完成95648人,完成任务数的105.45%;其中16~60周岁参保人数为73190人,为22458名60周岁以上参保人发放养老金,收缴保费939万元,全年发放养老金1490.34万元,发放率达到100%。

截至2014年12月31日,崇义县城乡居保参保人数达96475人,完成江西省下达民生工程任务数(90702人)的106%,完成赣州市下达任务数(97079人)的99.38%,其中16~60周岁参保人数为73307人,收缴保费为970.18万元,为23168名60周岁以上参保人发放养老金,累计发放养老金1551.74万元,100%发放到位。

截至2015年12月31日,崇义县城乡居保参保人数达100391人,完成江西省下达民生工程任务数(90702人)的111%,完成赣州市下达任务数(97079人)的103%,其中16~60周岁参保缴费人数为76366人,收缴保费

943.71 万元，为 24025 名 60 周岁以上参保人员发放养老金，累计发放养老金 2521.18 万元，100% 发放到位。

截至 2016 年 12 月 31 日，崇义县城乡居民养老保险参保人数达 104989 人，完成江西省政府下达年度民生任务（91082 人）的 115.27%。其中，缴费人数为 80990 人，收缴保费 977.41 万元。崇义县 60 周岁以上待遇领取人数为 23999 人，累计发放养老金 2359.16 万元，发放率达 100%。

2017 年江西省政府下达崇义县民生工程任务数为 93863 人，截至 12 月 31 日崇义县已完成参保人数 98336 人，完成率达 104.77%；崇义县完成参保缴费 73803 人，收缴保费 840.97 万元，完成缴费任务的 103.66%，续保率达 100%。

2018 年赣州市政府下达崇义县民生工程任务数 9.57 万人，截至 2018 年 12 月 31 日崇义县已完成参保人数 9.89 万人，完成率达 103.34%；崇义县完成参保缴费 7.02 万人，收缴保费 2245.45 万元，续保率达 100%。

# 第三节　抚州市社会保障振兴发展

## 一、抚州市社会保障振兴发展现状

2017 年，抚州市城镇企业职工基本养老、基本医疗、失业、工伤、生育、城乡居民基本养老保险参保人数分别达到 60.85 万人、394.16 万人、21 万人、38.39 万人、21.91 万人、154 万人，六项指标全部提前完成全年目标任务。被征地农民参加养老保险步入良性轨道，抚州市被征地农民参保人数达到 10.46 万人。机关事业单位养老保险工作健康有序运行，参保人数达 11.13 万人。抚州市社保卡发放率达 94%。

抚州市企业单位退休人员养老金待遇连续 13 次调整和机关事业单位连续 2 次调整，并按时足额发放到位。全面启动实施"助保贷款"，有效发挥"促征缴、赢口碑"双重效应，城乡居民养老保险便民服务体系建设实现全覆盖，在非中心城镇区行政村设立"支农助农"便民服务点 1831 个，确保广大参保者"足不出村"就可代缴保费或领取养老金。城乡居民医疗保险整合到位，实现全面平稳运行，慢性病管理范围进一步扩大，由原先的 15 种调整到 39

种；大病保险及重疾保险待遇上不封顶；调整城镇职工住院医疗待遇，一档（低档）缴费的参保人员在一级、二级、三级医疗机构支付比例分别为 95%、93%、90%；提高大病保险及重特大疾病的补偿标准，将城镇医保一档和二档的基本医疗保险及大病保险基金最高支付限额由 26 万元和 21 万元分别提高至 50 万元和 35 万元。在江西省率先建立医保缴费平台，方便广大城乡居民医保缴费，实现随时随地缴费。

继续降低城镇职工基本养老保险单位缴费比例、失业保险费率、生育保险费率；实施差别化工伤保险缴费政策，抚州市执行社保费率"降缓补"政策，共为企业减负约 8335 万元。继续对不裁员、少裁员且符合相关条件的企业，按上年度实际缴纳失业保险费总额的 50% 给予失业保险稳岗补贴，抚州市为 122 家企业拨付失业保险稳岗补贴 425.71 万元，惠及人员 16278 人。其中，市本级为 43 家企业拨付失业保险稳岗补贴 221.08 万元，惠及人数 8423 人。抚州市共为 211 名大学生发放创业贷款 1890 万元，带动就业 6343 人。

## 二、落实建档立卡人员医保待遇

建档立卡人员免收医保个人缴费，全部由政府补贴；住院免起付线为一级医疗机构免 100 元，二级医疗机构免 400 元；门诊特殊慢性病报销比例提高至住院水平，即一级（乡镇）、二级（县区）、三级（省市）医疗机构报销比例分别为 90%、80%、60%；提高门诊特殊慢性病年度支付限额，Ⅰ类门诊特殊慢性病年度最高支付限额由 1.5 万元提高到住院报销封顶线，Ⅱ类门诊特殊慢性病年度最高支付限额均提高至 5000 元；实施建档立卡人员重大疾病定额免费救治，提高建档立卡人员 15 种重大疾病保障水平；将大病保险起付线下降 50%，即由 10 万元降至 5 万元；重疾保障起付线下降 50%，由 2017 年的 10540 元降至 5270 元；重疾补偿比例由 50% 提高至 60%。

## 三、实行"五道保障线"一站式及一票式结算

在抚州市统一的医保信息系统上实现基本医保、大病保险（含重疾保障）、扶贫补充保险、民政医疗救助、财政兜底"五条保障线"的一站式同步即时结算功能，并将住院个人负担控制在总费用的 10% 以内。抚州市率先在江西省将医保信息系统对接至基层卫生平台。将县、乡、村级医疗机构全部纳入城乡

居民医保定点，原新农合基层定点医疗机构 100% 纳入，乡镇村卫生院（室）均购买添置读卡器，基本实现医保系统与基层医疗卫生系统的联网对接，抚州市贫困人口就医"先诊疗后付费""一站式"服务制度得到落实。

# 第四节　吉安市与典型县（市）社会保障振兴发展

## 一、吉安市社会保障振兴发展

2018 年，吉安市将 80 家市直事业单位纳入机关事业单位养老保险，截至 2018 年底，全市共有 13.12 万人纳入机关事业单位养老保险。开展打击欺诈骗取医疗保险基金专项行动，责令 158 家定点医药机构限期整改，45 家暂停定点服务，追回医疗保险基金 287.83 万元。社会保险覆盖面扩大，吉安市参加养老、医疗、工伤、生育和失业五大保险 923.56 万人次，征缴基金 119.83 亿元，较 2017 年同比分别增长 1.97% 和 12.31%。加快社保卡制发进度，吉安市累计制卡 342.6 万张，发放 330.6 万张，发放率达 96.5%。截至 2018 年 12 月底，吉安市参加城乡居民养老保险 228.58 万人，吉安市征收保费 3.11 亿元，发放养老金 8.05 亿元，基金滚存结余 37.96 亿元。完成企业退休人员养老金"十四连调"和机关事业单位退休人员养老金"三连调"工作，每人每月分别增资 123.08 元和 171.3 元。2018 年，吉安市基本医疗保险参保人数 503.7 万人，工伤保险参保人数 55.4 万人，生育保险参保人数 32.9 万人，吉安市医疗救助 26 万人次，发放救助资金 1.5 亿元。完善异地就医备案工作，吉安市 31 家定点医疗机构开通异地门诊、住院刷卡直接结算。

### （一）社会保障改革

吉安市在做好企业职工基本养老保险省级统筹的基础上，推进机关事业单位养老保险制度改革，将 80 家市直事业单位纳入机关事业单位养老保险。截至 2018 年底，吉安市共有 13.12 万人纳入机关事业单位养老保险。调整城乡居民养老保险缴费档次、补贴标准及部分群众代缴政策。深化医疗付费方式改革，选择发病率高、治疗效果较好的部分病种纳入单病种定额付费范围，控制医疗费用不合理增长,减轻参保人员负担。有序推进社会保险费征缴职能划转。

## (二)社会保险基金管理

吉安市组织工伤保险、失业保险、城镇企业职工养老保险和城乡居民养老保险四项重点指标专项核查,开展打击欺诈骗取医疗保险基金专项行动,责令158家定点医药机构限期整改,45家暂停定点服务,追回医疗保险基金287.83万元。

## (三)养老保险扩面征缴

实施精准扩面行动,做好被征地农民参加养老保险工作,推动建筑、交通等行业按项目参加工伤保险,社会保险覆盖面不断扩大,全市参加养老、医疗、工伤、生育和失业五大保险923.56万人次,征缴基金119.83亿元,较2017年同比分别增长1.97%和12.31%。

## (四)城乡居民社会养老保险

截至2018年12月31日,吉安市参加城乡居民养老保险228.58万人,完成城乡居保民生工程参保任务225万人的101.6%,其中缴费人数和待遇享受人数分别为168.97万人和59.61万人。吉安市共征收保费3.11亿元,发放养老金8.05亿元,基金滚存结余37.96亿元。

## (五)退休人员管理服务

2018年,吉安市完成企业退休人员养老金"十四连调"和机关事业单位退休人员养老金"三连调"工作,每月每人分别增资123.08元和171.3元。同步提高城乡居民基本养老保险待遇水平,每月每人增加25元,近60万群众受益。

## (六)基本医疗保险基金征徵

2018年,吉安市基本医疗保险参保人数503.7万人,工伤保险参保人数55.4万人,生育保险参保人数32.9万人,分别完成全年目标任务的104%、100%、101%。吉安市城镇职工医保基金收入14.5亿元,完成全年目标任务的132%;城乡居民医保基金收入32.3亿元;工伤保险基金收入2.35亿元,完成全年目标任务的 288%；生育保险基金收入 9700 万元，完成全年目标任务的 170%。

## （七）城乡医疗救助

吉安市医疗救助 26 万人次，发放救助资金 1.5 亿元。2018 年，在以城乡"低保"和农村"五保"供养对象为主要救助对象的基础上，将重点优抚对象、城镇"三无"集中供养对象、精简退职救济对象等 11 类对象纳入救助范围，实现医疗救助对城乡各类困难群体的全覆盖；对"低保"对象、"五保"对象等医疗救助对象，全部取消医疗救助病种限制；对支出型"五保"供养对象和城镇"三无"集中供养对象的救助比例提高至 100%，封顶线提高至 6 万元；城乡"低保"对象、优抚六类对象、精简退职救济对象等住院救助比例为 70%，封顶线为 3 万元；对支出型低收入家庭，其住院求助比例为 50%，封顶线为 1 万元。开展儿童倾斜救助，将 14 周岁以下困难家庭儿童因重大疾病住院费用救助比例提高到不低于 80%，年累计救助封顶线不低于 5 万元。针对医疗救助的不同救助方式，规定门诊报账救助和住院医后救助程序、住院"同步结算"程序、支出型贫困家庭收入认定程序。

## （八）医保服务能力建设

吉安市在完善信息系统征缴功能的基础上，开发工伤生育待遇支付系统；完善信息系统报表查询等功能，完成吉安市城乡居民门诊统筹线上工作；统一更新全市各定点医疗机构刷卡结算系统，统一、规范门诊诊查费代码；进一步完善异地就医系统中对账功能、异地定点医疗机构更新功能、清算数据上传功能、结算基金分项费用平衡功能、结算基金分项规范功能等，确保异地就医直接刷卡结算的顺畅。按照"放管服"改革要求，取消包括身份证、市内参保凭证等办事证明 20 余项，实行双休日、节假日和正常工作日延时、错时及预约服务，实现特殊药品使用、转外就医备案申请等事项"一次不跑"。

## （九）异地就医保障

2018 年，完善异地就医备案工作，取消吉安市参保人员赴外就医时原备案指定的一家医院住院限制，简化异地就医备案流程，实行异地就医备案信息系统无卡上报，采取多渠道办理异地就医备案。吉安市共 31 家定点医疗机构开通异地门诊、住院刷卡直接结算。2018 年办理转外就医 2.5 万人次，赴外省刷卡直接结算 6000 人次，结算费用 7600 万元；省内其他地市刷卡直接结算

17万人次，结算费用1.4亿元；市外参保人员在吉安市刷卡直接结算500万元。

## 二、吉安市泰和县社会保障振兴发展

### （一）城镇职工和城镇居民养老保险

#### 1. 机关事业单位全员参加养老保险

严格执行《国务院关于机关事业单位工作人员养老保险制度改革的决定》《国务院办公厅关于印发机关事业单位职业年金办法的通知》至2016年底，泰和县机关单位（含参公）、事业单位完成参保人数为7380人。

#### 2. 退休人员基本养老金

泰和县为3440名机关事业单位退休人员调整基本养老金，每人每月增资228元，共补发增资70余万元。为13407名企业退休人员每人每月增加养老金161.7元，泰和县企业退休人员平均工资达1803.5元。

#### 3. 城乡居民社会养老保险服务

2016年，泰和县机关事业单位参保人数为11060人（含退休人员3680人），征缴基本养老保险费11798万元，为3680人发放基本养老金15288万元。其中机关单位参保人数为1250人，征缴2348万元；事业单位参保人数为6130人，征缴9450万元，具体情况如表5-1所示。

表5-1 2016年泰和县机关事业单位（含参公）工作人员基本养老保险情况

| 分类／项目 | 参保单位（个） | | 参保人数（人） | | 实际缴费人数（人） | | 退休、退职期末数（人） | 实收养老保险费（万元） | 实发养老金额（万元） | 发放丧抚费（万元） |
|---|---|---|---|---|---|---|---|---|---|---|
| | 期末数 | 平均数 | 期末数 | 平均数 | 期末数 | 平均数 | | | | |
| 合计 | 202 | 202 | 7380 | 7118 | 7380 | 7118 | 3680 | 11798 | 15288 | 0 |
| 机关 | 75 | 75 | 1250 | 1250 | 1250 | 1250 | 1015 | 2348 | 4284 | 0 |
| 事业 | 127 | 127 | 6130 | 5868 | 6130 | 5868 | 2665 | 9450 | 11004 | 0 |

资料来源：《泰和县统计年鉴》。

泰和县城镇企业职工基本养老保险扩面 1460 人（其中个体扩面 1210 人），参加基本养老保险人数达 57035 人（含离退休人员 15093 人），参保职工缴费人数为 23053 人，征缴基本养老保险费 19108 万元（含清欠 135 万元）。为 15093 名离退休职工发放基本养老金 33351 万元，比 2015 年同期增支 3235 万元，收支倒挂 14243 万元。2016 年争取上级转移支付和调剂补助资金 9341 万元。2016 年底，城镇职工基本养老保险基金累计结余 1.6 亿元（不含城乡居民养老保险基金），具体情况如表 5-2 所示。

表 5-2　2016 年泰和县城镇职工基本养老保险情况

| 分类 \ 项目 | 参保单位（个）期末数 | 参保单位（个）平均数 | 参保人数（人）期末数 | 参保人数（人）平均数 | 实际缴费人数（人）期末数 | 实际缴费人数（人）平均数 | 离退休、退职期末数（人）离退休 | 离退休、退职期末数（人）离休 | 实收养老保险费（万元） | 实发养老金额（万元） | 发放丧抚费（万元） |
|---|---|---|---|---|---|---|---|---|---|---|---|
| 总　计 | 406 | 406 | 41942 | 41735 | 23053 | 29584 | 15093 | 17 | 18973 | 33351 | 366 |
| 一、企业 | 198 | 198 | 13915 | 13952 | 9510 | 7177 | 9386 | 17 | 4503 | 26732 | 363 |
| 1.国有企业 | 84 | 84 | 4094 | 4131 | 2560 | 2603 | 6976 | 17 | 1149 | 21432 | 363 |
| 2.集体企业 | 89 | 89 | 2742 | 2742 | 2010 | 1600 | 2410 | 0 | 942 | 5300 | 0 |
| 3.其他 | 25 | 25 | 7079 | 7079 | 4940 | 2974 | 0 | 0 | 2412 | 0 | 0 |
| 二、事业单位（非全拨、自收自支等） | 208 | 208 | 1473 | 1473 | 1473 | 1473 | 226 | 0 | 520 | 1157 | 3 |
| 三、其他 | 0 | 0 | 26554 | 26310 | 12070 | 20934 | 5481 | 0 | 13950 | 5462 | 0 |

资料来源：《泰和县统计年鉴》。

2016 年泰和县城乡居民养老保险参保人数为 217177 人，收缴保费 1806.67 万元，为 63948 人发放养老金约 6188 万元。其中失地农民参保 11928 人，为 4514 名失地农民发放基本生活补助 1518 万元。各乡镇具体参缴人数及金额如表 5-3 所示。

表5-3 2016年泰和县城乡居民社会养老保险收缴、发放情况

| 乡镇 | 收缴 | | | | 发放 | |
|---|---|---|---|---|---|---|
| | 任务人数（人） | 完成人数（人） | 缴纳保费（元） | 完成比例（%） | 人数（人） | 金额（元） |
| 合计 | 217177 | 152076 | 18066700 | 70.02 | 63948 | 61880851 |
| 澄江 | 26621 | 14281 | 2303200 | 53.65 | 6672 | 7563000 |
| 碧溪 | 7693 | 4760 | 582400 | 61.87 | 3871 | 4438343 |
| 桥头 | 6653 | 5458 | 606100 | 82.04 | 2249 | 1987289 |
| 禾市 | 10409 | 7334 | 828500 | 70.46 | 3202 | 3076473 |
| 螺溪 | 15199 | 9810 | 1072500 | 64.54 | 4744 | 5814010 |
| 苏溪 | 9278 | 7161 | 851700 | 77.18 | 2500 | 3450125 |
| 马市 | 16377 | 12025 | 1460000 | 73.43 | 4803 | 4757003 |
| 塘洲 | 15666 | 12450 | 1400700 | 79.47 | 4540 | 4382286 |
| 冠朝 | 9957 | 7096 | 796300 | 71.27 | 2937 | 2860919 |
| 沙村 | 6637 | 4616 | 509400 | 69.55 | 1953 | 1714004 |
| 老营盘 | 2636 | 1739 | 197100 | 65.97 | 878 | 872681 |
| 小龙 | 1927 | 1287 | 159700 | 66.79 | 612 | 612125 |
| 灌溪 | 11675 | 8168 | 976200 | 69.96 | 2509 | 3228208 |
| 苑前 | 13300 | 8494 | 1024600 | 63.86 | 3426 | 1908853 |
| 万合 | 22750 | 18177 | 2110300 | 79.90 | 6490 | 3252875 |
| 沿溪 | 10116 | 6934 | 780300 | 68.54 | 3155 | 2944482 |
| 石山 | 5946 | 4473 | 489600 | 75.23 | 2022 | 1937539 |
| 南溪 | 6342 | 4693 | 492100 | 74.00 | 1875 | 1885762 |
| 上模 | 4992 | 3166 | 365700 | 63.42 | 1459 | 1217852 |
| 水槎 | 6064 | 4939 | 521500 | 81.45 | 1839 | 1797176 |
| 上圯 | 3724 | 2783 | 294800 | 74.73 | 1214 | 1197310 |
| 中龙 | 3215 | 2232 | 244000 | 69.42 | 998 | 982536 |

资料来源：《泰和县统计年鉴》。

## （二）2016年基本医疗、工伤、生育保险概况

2016年，泰和县城镇基本医疗保险参保人数为145426人（城镇职工

61187 人、城镇居民 84239 人），其中改制企业参保人数为 2091 人、困难企业参保人数为 4185 人、企业改制不足 5 年参保人数为 871 人；参保缴费 115159 人（城镇职工 33702 人、城镇居民 81457 人），基金收入 14081 万元，其中城镇职工基金收入 10411 万元（统筹 6524 万元、个人账户 3887 万元）、城镇居民基金收入 3670 万元。

2016 年，新型农村合作医疗（以下简称"新农合"）各级财政补助标准为 340 元／人，比 2015 年提高 60 元／人，大病保险和意外伤害保险筹资标准分别提高到 30 元／人、20.5 元／人。泰和县新农合参合人数为 46.22 万人，参合率达 99.37%；新生儿免费参合人数为 1448 人。2016 年县财政补助新农合基金 729.50 万元、市财政补助 138.65 万元、省及中央财政补助 18448.91 万元。2016 年新农合基金支出 21810.43 万元，其中门诊统筹补偿支出 1458.98 万元、家庭门诊账户支出 1694.58 万元、住院补偿支出 18656.87 万元（含住院正常分娩补偿支出 209.61 万元、门诊大病补偿支出 592.02 万元），购买大病保险支出 1386.53 万元，购买意外伤害保险支出 947.46 万元。新农合统筹基金使用率达 92.26%。

2016 年，泰和县参加工伤保险人数为 47952 人，工伤保险基金收入 1494 万元，基金支出 1042 万元，滚存 2085 万元。根据《关于转发人力资源社会保障部财政部关于适当降低生育保费率的通知》等文件，参保单位生育保险缴费费率由 0.6% 下调至 0.5%，泰和县参加生育保险人数为 28212 人，生育保险基金收入 484 万元，基金支出 297 万元，滚存 1554 万元。

### 1. 城镇医保基金

2016 年，泰和县共有 17762 人次办理住院登记审批手续，其中职工住院 10196 人次、居民 7809 人次。为 1113 人次办理转诊转院手续，其中为职工办理转诊转院 528 人次、为居民办理转诊转院 485 人次；为 1780 人次特殊病种病人做好定点购药等服务，其中为职工做好定点购药等服务 998 人次、为居民做好定点购药服务 782 人次。泰和县 25 家定点医疗机构全面实行总额付费控制。

### 2. 新农合保障

2016 年泰和县住院补偿 7.1373 万人次，其中补偿 10 万元以上 1 人，补偿 5 万元以上 34 人，补偿 1 万元以上 161 人。住院次均补偿 2542.98 元，住院政策补偿比例为 75.60%，实际补偿比例为 60.02%，住院一次性报账率达 99.4%。门诊补偿 90.67 万人次，其中统筹补偿 50.40 万人次、家庭账户补偿 40.27 万人次。泰和县免费血透 3196 人次，补偿金额 951.01 万元；农村居民 17 类重大疾病救治补偿 434 人次，补偿金额为 804.02 万元。

### 3. 新农合医疗补偿方案

落实《关于印发〈江西省 2016 年新型农村合作医疗统筹补偿方案指导意见〉的通知》，将县级公立医院门诊诊查费纳入门诊统筹基金支付范围，每次补偿 13 元。实行"门诊家庭账户补偿"模式，从新农合统筹基金中按人均 50 元标准提取划到参合农民家庭账户，用于参合农民家庭成员在定点村卫生室门诊医药费支出。在乡镇定点医疗机构门诊实行"门诊统筹补偿"，从统筹基金中划出 30 元/（人·年），以乡镇为单位总额控制使用，超出部分由乡镇医疗机构承担，结余部分重新纳入统筹基金。对政策内参加新农合的孕产妇，对正常分娩的产妇县级以上定点医疗机构补偿 700 元，非定点、乡镇医疗机构补偿 400 元；对阴道手术助产的产妇县级以上医疗机构补偿 800 元，非定点、乡镇医疗机构补偿 500 元，双胎增加补助 200 元；对剖宫产的可报费用由乡镇级 1800 元、县级 2500 元分别提高到 2500 元、3500 元。

### 4. 工伤保险待遇

根据《江西省人力资源和社会保障厅江西省财政厅关于江西省 2016 年调整因工致残人员伤残津贴等定期待遇的通知》，自 2016 年 1 月 1 日起执行新的标准：被鉴定为一至四级伤残人员，每人每月分别增加 190 元、180 元、170 元和 160 元；因工死亡职工亲属已领取供养亲属抚恤金的，其配偶每人每月增加 85 元，其他亲属每人每月增加 65 元，有多个供养亲属的，增加供养亲属抚恤金之和不超过 213 元/月；需要生活护理的因工致残职工，按生活完全不能自理、生活大部分不能自理和生活部分不能自理三个档次，其生活护理费标准一律调整到统筹地区上年度在岗职工月平均工资的 50%、40% 和 30%；享受由用人单位按月发给伤残津贴的五级、六级伤残职工，按五级每人每月增加 150 元、六级每人每月增加 130 元的标准调整，所需费用由用人单位支付；因工伤提前退休人员 2016 年养老金提高标准低于四级伤残津贴调整额 160 元的，补足差额至 160 元。

## 第五节　赣州、吉安、抚州社会保障振兴发展比较

### 一、城镇职工基本养老保险

本节选取赣州、吉安、抚州三市 2012~2019 年的城镇职工基本养老保险人数及增长情况，用以分析三个地区城镇职工基本养老保险发展，得到表 5-4，并绘出图 5-1。由表 5-4 可以看出，三个地区的城镇职工基本养老保险人数均有一定幅度的增加，2013 年赣州、抚州、吉安的参保人数分别为 78.95 万人、52.81 万人、42.80 万人，截至 2019 年底三个地区的城镇职工基本养老保险参保人数已经达到 137.68 万人、78.92 万人、71.27 万人，与 2013 年相比，增长幅度分别达到 74.39%、49.44%、66.52%，年均增长率为 9.71%、6.92%、8.87%，从这些数据可以看出三个地区对于城镇职工基本养老保险的重视程度在慢慢增加。

表 5-4　2012~2019 年三个地区城镇职工基本养老保险人数及其增长情况

| 年份 | 城镇职工基本养老保险人数（万人） | | | 增长率（%） | | |
| --- | --- | --- | --- | --- | --- | --- |
| | 赣州 | 抚州 | 吉安 | 赣州 | 抚州 | 吉安 |
| 2012 | 71.89 | — | 46.70 | — | — | — |
| 2013 | 78.95 | 52.81 | 42.80 | 9.82 | — | −8.35 |
| 2014 | 83.92 | 55.20 | 62.56 | 6.30 | 4.53 | 46.17 |
| 2015 | 88.89 | 57.91 | 63.46 | 5.92 | 4.91 | 1.44 |
| 2016 | 114.92 | 59.49 | 54.92 | 29.28 | 2.73 | −13.46 |
| 2017 | 119.12 | 60.76 | 75.43 | 3.65 | 2.13 | 37.35 |
| 2018 | 125.46 | 75.00 | 79.59 | 5.32 | 23.44 | 5.52 |
| 2019 | 137.68 | 78.92 | 71.27 | 9.74 | 5.23 | −10.45 |

资料来源：《江西省统计年鉴》。

通过观察图 5-1 可以得出，三个地区的城镇职工基本养老保险人数排名为：赣州＞抚州＞吉安。通过折线图更能直观地观察出三个地区城镇职工基

本养老保险人数增长的差异。首先，赣州参保人数增长率先下降再增长，到2016年上升到一个顶点，然后回落，再慢慢爬升。其次，抚州从2013~2019年的参保人数持续增长。最后，吉安城镇职工基本养老保险人数在2015年到达第一个顶点，然后回落，到2018年又迎来第二个顶点再回落，折线波动较大。总体来讲，三个地区的城镇职工基本养老保险人数保持增长的态势，未来发展都会持续向好。

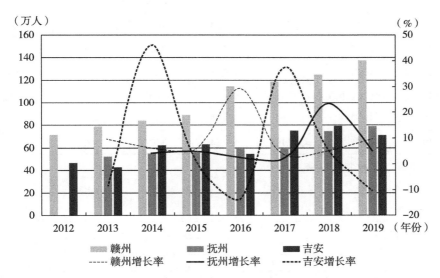

图5-1　2012~2019年三个地区城镇职工基本养老保险人数及其增长

资料来源：《江西省统计年鉴》。

## 二、城镇基本医疗保险

选取赣州、吉安、抚州三市2012~2019年的城镇基本医疗保险人数及增长情况，用以分析三个地区城镇基本医疗保险发展，得到表5-5，并绘出图5-2。由表5-5可以看出，三个地区的城镇基本医疗保险人数都有一定幅度的上涨，2012年赣州、吉安的参保人数分别为141.07万人、123.22万人（由于抚州在2017年以前未公布城镇基本医疗保险人数，所以抚州该数据从2017年开始，数据仅供参考，此部分不做比较），截至2019年底两个地区的城镇基本医疗保险参保人数已经达到942.98万人、461.54万人，与2012年相比，增长幅度分别为568.45%、274.57%，年均增长率为31.18%、20.76%，从这些数据可以看

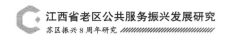

出赣州、吉安对于镇基本医疗保险的重视程度在大幅度增加。

表 5-5　2012~2019 年三个地区城镇基本医疗保险人数及其增长情况

| 年份 | 城镇基本医疗保险（万人） | | | 增长率（%） | | |
|------|------|------|------|------|------|------|
| | 赣州 | 抚州 | 吉安 | 赣州 | 抚州 | 吉安 |
| 2012 | 141.07 | — | 123.22 | — | — | — |
| 2013 | 139.25 | — | 121.42 | −1.29 | — | −1.46 |
| 2014 | 138.86 | — | 138.23 | −0.28 | — | 13.84 |
| 2015 | 139.67 | — | 139.00 | 0.58 | — | 0.56 |
| 2016 | 140.71 | — | 139.08 | 0.74 | — | 0.06 |
| 2017 | 930.8（新农保） | 391.41 | 494.92 | 561.50 | — | 255.85 |
| 2018 | 942.33 | 356.90 | 503.65 | 1.24 | −8.82 | 1.76 |
| 2019 | 942.98 | 359.16 | 461.54 | 0.07 | 0.63 | −8.36 |

资料来源:《江西省统计年鉴》。

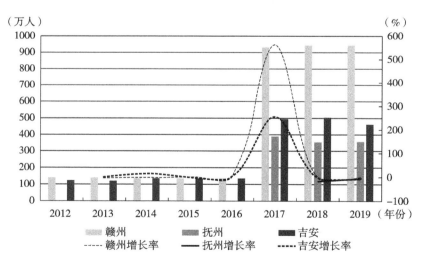

图 5-2　2012~2019 年三个地区城镇职工基本医疗保险人数及其增长

资料来源:《江西省统计年鉴》。

通过图 5-2 可以得出，三个地区的城镇基本医疗保险人数排名为：赣州 ＞
吉安 ＞ 抚州。通过折线图更能直观地观察出三个地区的城镇职工基本医疗保
险人数增长的差异。首先，赣州参保人数先下降后上升，到 2019 年达到最高

值。其次，吉安参保人数增长率在 2017 年到达顶点，然后回落。总体来讲，赣州、吉安两市的城镇基本医疗保险人数基本保持增长的态势，预计未来发展都会持续向好。

## 三、工伤保险

选取赣州、吉安、抚州三市 2012~2019 年的工伤保险人数及增长情况，用以分析三个地区工伤保险的发展，得到表 5-6，并绘出图 5-3。由表 5-6 可以看出，三个地区参加工伤保险人数都有一定幅度的上涨，2013 年赣州、抚州、吉安的参保人数分别为 36.62 万人、29.77 万人、47.99 万人，截至 2019 年底三个地区参加工伤保险的人数分别为 60.91 万人、38.83 万人、57.01 万人，与 2013 年相比，增长幅度分别达到了 66.33%、30.43%、18.80%，年均增长率分别为 8.85%、4.53%、2.91%，从这些数据可以看出三个地区对工伤保险的重视程度在慢慢增加。

表 5-6　2012~2019 年三个地区工伤保险人数及其增长情况

| 年份 | 参加工伤保险的人数（万人） | | | 增长率（%） | | |
|---|---|---|---|---|---|---|
| | 赣州 | 抚州 | 吉安 | 赣州 | 抚州 | 吉安 |
| 2012 | — | — | 46.41 | — | — | — |
| 2013 | 36.62 | 29.77 | 47.99 | — | — | 3.40 |
| 2014 | 42.07 | 31.61 | 49.10 | 14.88 | 6.18 | 2.31 |
| 2015 | 48.60 | 35.99 | 53.50 | 15.52 | 13.86 | 8.96 |
| 2016 | 53.41 | 37.29 | 54.61 | 9.90 | 3.61 | 2.07 |
| 2017 | 54.40 | 38.39 | 54.61 | 1.85 | 2.95 | 0.00 |
| 2018 | 59.20 | 38.04 | 55.67 | 8.82 | -0.91 | 1.94 |
| 2019 | 60.91 | 38.83 | 57.01 | 2.89 | 2.08 | 2.41 |

资料来源：《江西省统计年鉴》。

通过图 5-3 可以得出，三个地区参加工伤保险人数排名为：赣州＞吉安＞抚州。通过折线图更能直观地观察出三个地区工伤保险人数增长的差异。首先，赣州参保人数增长率呈现出波动变化态势，到 2015 年增长率达到顶点，折线波动浮动较大。其次，抚州参保人数到了 2017 年上升到一个顶点，然后回落，直到2019年又开始缓慢爬升。最后，吉安参保人数增长率也呈现出波动发展态势，在2015年到达一个顶点，然后回落，在2018年接着开始缓慢爬升。总体来讲，三个地区参加工伤保险人数保持增长的态势，未来发展都会持续向好。

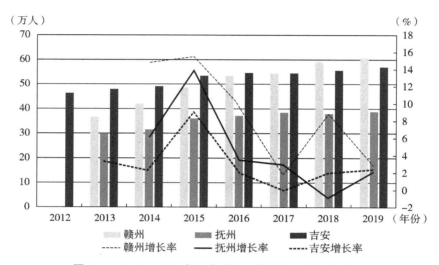

**图5-3　2012~2019年三个地区工伤保险人数及其增长**

资料来源：《江西省统计年鉴》。

## 四、失业保险

选取赣州、吉安、抚州三市2012~2019年失业保险人数及增长情况，用以分析三个地区失业保险的发展，得到表5-7，并绘出图5-4。由表5-7可以看出，三个地区的失业保险参保人数都有一定幅度的上涨，2012年赣州、吉安的参保人数分别为34.52万人、21.72万人（由于抚州在2018年以前未公布参加失业保险人数，所以抚州数据从2018年开始，数据仅供参考，此部分不做比较），截至2019年底两个地区的失业保险参保人数已经达到37.63万人、23.60万人，与2012年相比，增长幅度分别达到了9.00%、8.66%，年均增长率分别为1.24%、1.19%，从这些数据可以看出赣州、吉安对于失业保险的重视程度在逐渐增加。

表5-7　2012~2019年三个地区失业保险人数及其增长情况

| 年份 | 参加失业保险的人数（万人） | | | 增长率（%） | | |
|---|---|---|---|---|---|---|
| | 赣州 | 抚州 | 吉安 | 赣州 | 抚州 | 吉安 |
| 2012 | 34.52 | — | 21.72 | — | — | — |
| 2013 | 35.05 | — | 22.06 | 1.54 | — | 1.57 |
| 2014 | 35.08 | — | 22.10 | 0.09 | — | 0.18 |
| 2015 | 36.21 | — | 22.08 | 3.22 | — | −0.09 |
| 2016 | 36.21 | — | 22.65 | 0.00 | — | 2.58 |
| 2017 | 37.00 | — | 23.04 | 2.18 | — | 1.72 |
| 2018 | 37.51 | 21.15 | 23.51 | 1.38 | — | 2.04 |
| 2019 | 37.63 | 21.55 | 23.60 | 0.32 | 1.89 | 0.38 |

资料来源：《江西省统计年鉴》。

通过图5-4可以得出，三个地区参加失业保险人数排名为：赣州 > 吉安 > 抚州。通过折线图更能直观地观察出三个地区参加失业保险人数增长的差异。首先，赣州参保人数增长率呈波动变化，到2015年上升到一个顶点，然后回落，到2017年又上升到一个顶点，再连续下降。其次，吉安参保人数增长率也呈波动变化趋势，在2016年到达一个顶点，然后回落，接着又开始缓慢爬升，到2019年又开始回落。总体来讲，赣州、吉安两个地区的参加失业保险人数保持持续微弱增长的态势，未来发展都会持续向好。

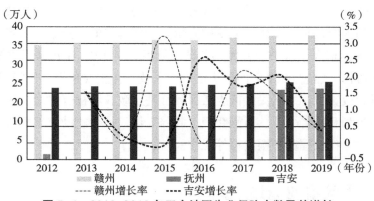

图5-4　2012~2019年三个地区失业保险人数及其增长

注：抚州由于数据较少，无法形成连续曲线，因此未绘图。

资料来源：《江西省统计年鉴》。

# 第六章

## 江西省老区民政事业振兴发展

## 第一节 民政事业概述

### 一、民政概念

"民政"一词的出现和民政概念的形成是在唐宋时期，唐代有"安民立政"之说，北宋有"修治民政"之论，"民政"一词逐步在官方和民间广泛使用。自古以来，历代有识之士都认为"民为邦本，本固邦宁"，只有广大民众安居乐业，社会才能稳定，主张当政者应考虑民众的愿望，办理民众事务，予民以利，惠民利民而安民，也就是所谓"为民行政"。这就是中国"民政"的由来和最初的含义。在漫长的历史进程中，伴随着政治、经济、社会的发展变化，民政的内容也常有变化。但变中有恒，一些基本的事务始终未曾间断，历代相承，延续至今。自中华人民共和国成立后，于1954年正式设立地方各级民政管理机构，经过60多年的历史演变，民政工作主要包括：民间组织登记、优抚安置、救灾救济、居民最低生活保障、基层政权和社区建设、区划地名管理、社会福利和慈善事业、婚姻登记、收养登记、社会救助、殡葬管理、老龄工作、社会工作及福利彩票发行等工作。

### 二、民政事业概述

中华人民共和国民政部的前身是成立于1949年的"中央人民政府内务部"，1954年改称"中华人民共和国内务部"，1969年撤销，1978年开始设立

"中华人民共和国民政部"，并延续至今。根据民政部全国门户网站关于"机构概览"的表述，民政部门是国家政务部门中主管社会事务的政府职能部门。民政工作包括：民间组织管理、优抚安置、救灾救济、基层政权和社区建设、行政区划、地名和边界管理、社会福利和社会事务、老龄工作等。

# 第二节　赣州市与典型县（市）民政振兴发展

## 一、龙南市民政振兴发展现状

### （一）社会救助工作

截至 2018 年，龙南市有农村"低保"对象共计 5627 户 11725 人，其中常补对象 1090 户 2086 人，常补对象人数占农村"低保"总数的 17.79%；城市"低保"对象共计 575 户 806 人，其中常补对象 103 户 121 人。2018 年共发放农村"低保"资金 4443.15 万元，共发放城市"低保"资金 444.6 万元；医疗救助共救助 10189 人次 769.4 万元，其中住院救助 7648 人次 743.67 万元，门诊救助 2541 人次 25.73 万元；临时救助共救助 423 人次 34.4 万元。社会救助工作在赣州市乃至江西省都处于先进行列，2009~2018 年累计八年获"江西省社会救助工作先进县"殊荣，一次获得"赣州市社会救助工作先进单位"，并获得"十二五期间江西省社会救助工作先进单位"荣誉称号。

### （二）救灾救济工作

龙南市坚持"人民至上，生命至上，安全至上"的救灾工作方针，全力以赴，众志成城，灾前高度关注天气变化，通过电话通知、短信等在龙南市民政会议救灾部署前既已全面展开工作。密切关注灾情发展，灾害形成后各项救灾措施迅速落实。开展龙南市农村灾害困难群众全面排查，不漏一村、一户、一人，建立以乡镇为单位、名册到户的受灾台账。及时下拨冬春救济款 247 万元和 4 万斤救济粮，使受灾群众生活得到妥善安置，没有人缺衣少粮；龙南市人心安定，社会稳定。

## （三）优抚安置工作

龙南市各项优抚安置政策的全面落实，发挥了好政策暖人心的积极作用。龙南市共有优抚工作对象 1348 人，按照上级文件及时落实抚恤补助提标政策，缴纳了医疗保险并享受医疗保险一站式服务，每年春节、"八一"建军节都对驻地官兵、优抚对象等进行走访慰问。接收退役士兵共 105 名，其中符合安置条件的 7 名转业士官 100% 安置到全额拨款的事业单位。完成部分退役士兵再就业问题，完成率达到 85%，及时调整了城乡义务兵优待标准。城乡义务兵标准统一调整为 10993 元 / 年。

## （四）基层政权建设工作

龙南市的 91 个村、16 个社区顺利完成了第十届村（居）民委员会换届选举工作。共产生村（社区）主任 107 名，村（居）委委员 378 名。其中，女性委员 136 名，35 岁以下年轻干部 50 人。"一肩挑"的比例取得新突破，龙南市有 38 个村（社区）实现了村支部书记和村主任"一肩挑"，同时龙南市村（居）委会班子成员文化结构、政治素质和管理能力有了明显的提高。完善了村级配套组织，进一步加强了基层民主制度的建设。以开展"绿色社区 美丽家园"创建活动为契机，选取了龙南市条件成熟的中山社区、文化社区，积极向省、市民政部门申报，被江西省民政厅命名为江西省"绿色社区 美丽家园"。积极开展农村社区建设示范点工作，指导南亨乡三星村社区、里仁镇正桂村社区按照江西省农村社区建设试点示范社区的要求，完善了软、硬件设施建设，被江西省民政厅命名为第三批江西省农村社区建设示范点示范社区。

## （五）老龄服务工作

龙南市积极推进惠老政策落到实处。龙南市老龄办按计划为龙南市符合政策规定标准的老年人按月发放高龄补贴。截至 2018 年，龙南市已申报发放高龄老人长寿补贴 71135 人次，发放金额 634.325 万元，同比 2017 年增长发放人次 1736 人次，发放金额增长 20.735 万元。

龙南市认真贯彻落实老年人意外伤害保险。办理了龙南市年满 60 周岁及以上的城乡特困人员、重点优抚对象和除前两种对象之外的 70 周岁以上老年人意外伤害保险，政府为以上三类人员出资保险资金 12.9 万元。各乡镇老龄办积极配合泰康人寿保险股份有限公司保费的收取及理赔事宜。截至 2018 年

12 月底，龙南市已结案件意外理赔 42 起，赔付金额达 24.22 万元，从一定程度上减轻了出险老年人及其家庭的经济负担，让老年人真正感受到"老年人意外伤害保险"带来的实惠，有效提高了老年人的抵御风险能力。

### （六）社会事务和福利工作

龙南市积极开展农村留守儿童关爱保护工作，1474 名留守儿童纳入系统，配备乡镇督导员 17 人，儿保专干 107 人。2018 年 1~11 月，共办理结婚登记 1958 对，离婚登记 853 对，补发登记证 784 对，收养登记 2 例。2018 年共向孤儿发放基本生活费 31.3 万元，共发放残疾人生活困难补贴和重度残疾护理补贴 339.8 万元。

### （七）绿色殡葬改革工作

龙南市围绕江西省殡葬改革建设的目标任务，全面落实《江西省人民政府办公厅关于加快推动殡葬改革促进殡葬事业发展的实施意见》文件精神，截至 2018 年底，全年遗体火化人数 1874 人，共计发放火化补贴 112.4 万元，火化率达到 100%。龙南市投入使用农村公益性公墓 23 处，投入资金近 2000 万元；扎实推进"三沿六区"乱埋乱葬集中整治工作，共搬迁坟墓 2246 穴。同时对新建殡仪馆选址进行了深入调查研究，并通过民政局、发展和改革委员会积极向上申报了资金支持。

### （八）流浪乞讨人员救助工作

2018 年 1~12 月龙南市共救助江西省内外流浪乞讨人员 79 人次，先后 4 次护送救助人员返乡，在新华网、赣州市民政局等报刊上分别报道过，进一步加强了与上级救助站（市救助站）的联系工作，着力做好日常救助管理工作，加强了对龙南市流浪乞讨人员救助站内部管理工作，进一步健全和完善了站内各项规章、管理制度。

## 二、赣州市定南县民政振兴发展现状

### （一）特色亮点工作

1. 国家康复辅助器具产业综合创新试点深入推进

一是深入对接争取多方支持。定南县分别对接了民政部、江西省民政厅、赣州市民政局，在政策落实安排上得到全面支持，将安排专项资金支持产业发展。对接了清华大学无障碍发展研究院、赣南医学院、江西理工大学等高校，达成了全面合作支持产业发展局面。2018 年 11 月 4~10 日，在清华大学举办了定南县康养产业专题培训班，定南县相关县领导和相关单位负责人共 32 人参加了培训。二是编制规划引领产业发展。定南县邀请了国家康复辅助器具研究中心领导到定南县就康复辅助器具产业发展进行考察调研，签订了合作协议，目前正在编制产业发展规划。三是建设基地打造试点平台。重点打造了中国（定南）智能助残科技城，新建展示、研发、生产、销售等综合性示范基地，建筑达 87000 多平方米，现引进配套企业 9 家。四是延伸链条融合发展产业。印发了《定南县康养谷建设方案》，正筹募基金投资建设中国（定南）康养谷。在县老年养护中心启动了智慧养老示范基地建设，科技城生产的大小便护理仪等产品正在试用。定南县公交系统安装了科技城生产的公交导盲系统，县内 6 家医院正在推广使用科技城生产的康复辅助器具。五是参加展会推介试点工作。定南县代表赣州市参加了 2018 年第八届中国（北京）国际医疗器械及康复辅具博览会、2018 年中国国际福祉博览会暨中国国际康复博览会，在展厅设置了专用展位，召开了专场推介会，并参加了康复辅具产业发展战略研讨会，在研讨会上，徐建中点名表扬定南县委县政府，对定南县推进康复辅具产业综合创新试点所做的工作进行了高度评价。

### 2. 优抚安置工作

（1）定南县率先建设"优抚之家"。筹资 60 余万元在定南县城城南社区凤凰国际兴建了赣州市首个"优抚之家"，建筑面积 300 平方米，内设接待室、学习室、阅览室、棋牌室、会议室、办公室，成为定南县优抚对象获知政策、交流互动、丰富生活的实体服务平台。

（2）定南县率先举办退役士兵返乡欢迎仪式。精心组织举办了赣州市首个退役士兵集中欢迎仪式，并对退役士兵进行了免费教育和技能培训，组织企事业单位现场招聘退役士兵。

（3）定南县严格落实优抚安置政策。认真做好重点优抚对象医疗保障工作，重点优抚对象全部纳入城乡医保，有效解决了重点优抚对象医疗难问题。完成了定南县优抚对象数据信息采集、数据核查，实现了和民政部、江西省厅、赣州市局对接联网，定南县的优抚对象信息录入完整率达到 100%。同时，对定南县退役军人和其他优抚对象进行了信息采集工作。落实了优抚对象提标工作，发放优抚资金478万元。对65名2017年退役士兵发放自主就业一次性经济补助资金83.25万元，发放退役士兵免费职业教育和技能培训资金2.49万元，对2018年度10名转业士官进行了岗位安置，全部安置在财政拨款的事业单位。

（4）定南县"八一"活动丰富多彩。"八一"建军节期间深入开展"十个一"系列活动。一是召开了退役军人、烈军属、现役军人代表座谈会；二是举办了一次军民篮球比赛；三是举办了以"传承红色基因·心系国防事业"为主题的文艺演出；四是表彰了一批优秀退役军人、优秀烈军属、支持国防建设的镇（街）党委书记、镇长、干部；五是宣传了一批"双拥"先进典型；六是开展了对定南县人民武装部、县消防大队、武警中队、烈军属代表的走访慰问；七是对定南县享受抚恤和生活补助的优抚对象，每人发放300元"八一"慰问金，向定南县烈军属、残疾军人、复员转业退伍军人，县人民武装部、县消防大队、县武警中队官兵发出一份"八一"慰问信；八是出台一批优待政策，出台提高义务兵家属优待金、军人立功奖励标准、全日制高等院校入伍大学生优待安置的优待政策；九是对定南县退役军人进行了全面登记；十是组织人员对旅游景区、医院、汽车站、公交站、火车站等窗口，以及房管、社保、就业等部门进行了优抚政策落实情况巡查，从巡查情况反馈，定南县各项政策已全面落实到位。

### 3. 殡葬工作

一是理事会运行助推乡风文明。定南县120个行政村，每村建立了红白理事会，制定了村规民约，有效遏制了婚事高价彩礼，丧事大操大办、祭扫燃放烟花爆竹等传统陋习。定南县财政按户籍人口每人每年10元标准预算安排了红白理事会工作经费，确保有人理事，有钱理事。二是公墓建设应建尽建。定南县财政安排了6320万元建设县级公墓1处，镇级示范性公墓7处，所建墓穴全部节地生态，农村户籍死亡人员骨灰可全部免费安置。三是"三沿六区"整治成效明显。对"三沿六区"范围内需整治坟墓进行逐一登记造册，逐穴实施搬迁，确保"三沿六区"坟墓应搬尽搬，目前已搬迁坟墓137穴。同时，通过开展上户宣传、领导干部示范带头等举措，杜绝了"三沿六区"新增坟墓。四是沿街游丧得以整治。通过医院、殡仪馆相关工作人员第一时间告知死者家属禁止沿街游丧，同时，对定南县域内原参与游丧的乐队进行集中教育，全面整治了城区内沿街游丧行为。

## （二）社会救助工作

### 1. 困难群众提标提补工作

定南县出台了《关于做好我县 2018 年城乡困难群众和部分优抚对象提标提补工作的通知》，从 2018 年 1 月 1 日起，定南县农村"低保"平均保障标准提高到 340 元，月人均补差水平提高到 255 元，城镇"低保"平均保障标准提高到 580 元，月人均补差水平提高到 380 元。截至 2018 年 10 月，共发放城乡低保补助金 3206 万元。

### 2. 临时救助工作

定南县出台了《定南县镇（街）临时救助备用金管理实施办法》，下发了临时救助备用金，建立了"一门受理，协同办理""救急难"运行机制，规范了操作程序，开通了 12349 救急难电话，对因突发情况造成基本生活困难的群众给予临时救助，对社会稳定起到了积极的作用。截至 2018 年 10 月，实施临时救助 1043 人次，发放救助金 68 万元。

### 3. 医疗救助工作

对因病住院的群众提供"一站式"结算服务，将符合条件的困难群众纳入大病医疗救助范围，同时在"四道保障线"救助后，对住院费用实际报销比例未达到 90% 的群众实施兜底保障补助。截至 2018 年 10 月，共实施医疗救助 6470 人次，发放医疗救助金 195 万元。

### 4. 残疾人两项制度补贴工作

出台了《关于进一步规范做好残疾人两项补贴工作的通知》等文件，提高了城镇困难残疾人补贴标准（生活补贴提高到 60 元，护理补贴提高到 70 元），让困难重度残疾人受益，有效改善了残疾人家庭的生活质量。截至 2018 年 10 月，定南县共发放补助金 192.35 万元。

### 5. 高龄长寿补贴工作

截至 2018 年 10 月底，定南县共发放高龄长寿补贴资金 38861 人次 325.285 万元，为 812 人（其中 60~64 周岁 43 人，65 周岁以上 769 人）办理了老年人优待证。

## （三）救灾救济工作

### 1. 灾民生活救助工作

定南县根据调查摸底情况，2018 年 6 月筹集资金 45 万元采购救济大米 18 万斤，用于保障受灾困难群众的基本生活。

### 2. 灾情上报及救灾工作

定南县统筹抓好灾情预测、灾情会商、灾情上报、灾情核查工作，做到有灾必报、报灾及时，有灾必查、查不漏户，根据灾情轻重及时做好预警响应和救灾救济工作。2018 年 7 月 22 日，定南县突遭暴雨袭击，造成县城街道 6 个居委会 400 多人受灾，民政局迅速派出 6 个救灾组，紧急转移受灾居民 4 户，发放矿泉水 22 箱、面包 22 箱、大米 1800 斤（60 包）、棉被 35 床等急需生活用品，确保受灾居民有饭吃、有衣穿、有水喝、有临时安全住所。

### 3. 防灾减灾工作

定南县以"5·12"国家防灾减灾日为契机，组织开展了防灾减灾知识普及活动，发放宣传单 5000 多份，防灾减灾手册 1000 本，全方位、多角度做好防灾减灾宣传工作，形成全县共同关心和参与防灾减灾工作的良好局面，定南县老城镇黄砂口被评为省防灾减灾示范社区。

### 4. 救灾款物规范化管理工作

定南县严格遵循救灾款物使用范围，中央和省级安排的应急救助、过渡性安置（后续救助）以及冬春救助资金全部用于解决受灾群众的吃、穿等基本生活困难，及时、足额将各项救灾款物发放到受灾群众手中。

## （四）社会事务工作

### 1. 村委换届选举

定南县强化选举组织指导，统一规范选举程序，推行候选人资格部门联审，严肃选举风气纪律，定南县 128 个村（社区）顺利完成换届选举。选举产生村（居）委会成员 496 人（其中，主任 128 人、副主任 8 人、委员 360 人）。16 个村采取自荐直选方式选举，7 个社区采取直接选举，35 个村（社区）实现了书记、主任"一肩挑"。

### 2. 群众自治

定南县以换届选举为契机，依法选举配齐配强了村（社区）班子成员。建立完善规章制度，建立健全村（社区）组织体系，及时充实完善了村民委员会下属人民调解、治安保卫、公共卫生与计划生育等委员会组织，完善村务监督委员会、村民理事会等组织，督促各镇村完善了村规民约、村务公开制度、财务管理制度、干部廉洁制度和村民代表会议议事制度等，确保城乡基层管理有序运转。

### 3. 农村社区建设和社会治理

定南县以天九镇黄金湾社区、鹅公镇水邦村恩德社区、老城镇黄砂口村、龙塘镇龙塘新村社区、历市镇蕉坑社区等社区作为试点社区，积极争取列入江西省、赣州市试点社区范围。积极开展"绿色社区美丽家园"创建工作。老城镇黄砂口村社区被省民政厅命名为江西省"绿色社区美丽家园"社区。

### 4. 地名普查成果转化工作

制定了《地名普查成果转化实施方案》，明确成果转化"九个一"工作，即编纂一本地名志、绘制一张政区城区图、制作一个地名短片、编制一批地名故事、建立一套地名数据系统、完善一批地名标志牌、建立地名一名一档、编制一套地名地址库、制定一部地名管理办法。定南县地名普查成果转化工作已完成招标采购，正在按要求有序推进，城区道路牌已全面完成安装。

### 5. 未成年人保护工作

定南县下发了《关于进一步做好全县农村留守（困境）儿童动态调整摸排工作的通知》，建立了每季度动态调整机制，对定南县留守（困境）儿童进行了全面摸排，全面摸清农村留守儿童的数量、户籍、就学、健康及其家庭经济等情况，完善了县、镇、村"三级"工作台账。建立了关爱平台，形成了"监测预防、发现报告、帮扶干预"关爱保护网络，定南县共 5665 个留守（困境）儿童得到关爱保护。

### 6.农村离任"两老"干部的补助发放工作

定南县新增离任"两老"对象 5 名，发放离任"两老"干部补助 18 万余元。

### 7.婚姻登记工作

定南县提供人性化优质服务，办理结婚登记 1236 对，离婚登记 534 对，补办登记 442 对，婚姻登记合格率达 100%。

## 三、赣州市大余县民政振兴发展现状

### （一）民政党建工作

大余县坚持以党建统领民政工作，全面落实从严治党主体责任，加强民政系统党的建设。一是抓责任重落实。落实党组成员管业务必须管党建的"一岗双责"制度，实行了党建"三联系"工作制度，即党组成员联系支部、支部委员联系普通党员、党员联系党外群众。开展了党员"四带头四表率"活动（带头加强党性修养，做胸怀宽广、互帮互助的表率；带头落实工作任务，做事不过夜、刻苦工作的表率；带头提升机关文化，做正派正气、礼貌守纪的表率；带头遵守党纪国法，做亮明身份、敢于担当的表率）和"戴党徽、背誓词，诵党章、明义务，做表率、促工作"活动。健全了"人人有责任、个个是表率"的责任体系。二是抓学习强头脑。深入学习宣传贯彻习近平新时代中国特色社会主义思想，深入推进"两学一做"学习教育常态化制度化；制定了以党内"一准则两条例"《中华人民共和国宪法》《中华人民共和国慈善法》《中华人民共和国未成年人保护法》和行政法规为重点篇目的党纪国法类普法学法计划；结合民政实际开展了"书香民政·才悦梦想"读书荐书活动；要求党员干部每年撰写读书笔记 5000 字以上；开辟了"干部讲坛"，组织党员干部轮流上台授课，通过狠抓学习，有效提高了党员干部的政治理论素养、党纪国法意识和文化知识水平，创建了"人人勤学习，个个当专家"的学习型机关。三是抓宣传扩影响。2018 年，大余县先后在全国、全省、全市民政工作会议上做典型发言 5 次，选送的《"钨"与伦比——西华山》地名故事微视频荣获全国优秀奖，《中国新闻周刊》《中国民政》《中国社会报》《江西日报》《赣南日报》等主流媒体刊登大余县民政工作经验做法 132 篇（条），形成了"人人会总结、个个重宣传"的良好局面。四是抓廉政严规矩。注重抓早抓小、抓常抓长、抓严抓实，始终坚持问题导向，坚持刀刃向内，狠抓了党风廉政建设工作，夯实了"制度长牙、纪律带电"的廉政高压线。五是抓整改求实效。制定了党建责任清单、重点任务清单、问题清单，推进了"党员人人过点，支部个个过硬"活动。

## （二）"五型政府"建设工作

大余县坚持以习近平新时代中国特色社会主义思想为指导，深入学习贯彻党的十九大精神，以增强理解力、执行力、创造力和公信力为重点，大力开展过硬型、创新型、服务型、担当型、忠诚型政府建设。一是锻造敢于担当的过硬型民政铁军。2018年，民政局先后承担了殡葬改革、时间银行等江西省试点工作，局党组召开专门会议，集体讨论研究工作方案和工作措施；调配精干力量，牵头挂帅主抓工作落实。组织干部职工到扫黑除恶、创文创卫、环境整治、招商引资等工作一线进行历练，增强了民政干部的担当感、责任感、归属感、荣誉感。二是创建敢闯敢试的创新型民政机关。贯彻省市文件精神，将"内地居民结婚登记、内地居民离婚登记、撤销受胁迫的结婚登记"3项经济社会管理权限赋予经济发达镇新城镇人民政府执行，进一步加快了简政放权。围绕方便企业和群众办事，全面推行了审批服务"马上办、网上办、就近办、一次办"，取消社会组织注册登记的申请筹备阶段，简化为直接登记注册；取消"奇葩证明、循环证明、扯皮证明、无谓证明"；缩短了社会组织登记时限和养老机构设立审批缩短至30个工作日、20个工作日；取消了所有的办证收费，进一步推进了"放管服"改革。实行了机关干部"挂点乡镇、联系敬老院"工作制度、机关干部职工和敬老院工作人员"双向挂职锻炼"制度，全面推进了基层民政机构能力建设和民政机关工作作风建设。三是打造暖心温馨的服务型民政机关。会同县卫计委成立了大余县一站式婚育中心，为结婚登记的男女青年提供婚姻登记、婚前医学检查、孕前优生检测"三位一体"的一站式免费服务。始终坚持在政治上、工作上、生活上关心干部，把干部职工、欠发达地区群众的冷暖安危、难事琐事时刻放在心上，解决了一批长期想解决而没有解决的难题，办好了一批长期想办而没有办成的大事。例如，积极争取县委县政府的重视与支持，有效解决了乡镇敬老院的运行经费和县殡葬管理所、县婚姻登记处的人员经费问题。四是建设真抓实干、敢于作为的担当型政府。大余县全县政府系统大力倡导"事事马上办、人人钉钉子、个个敢担当"的精神，"不为不办找理由，只为办好想办法"，不忘初心，牢记使命，撸起袖子加油干，以实干立身、凭实绩说话，推动务实、担当、实干蔚然成风。其一，全力以赴快落实。凡是看准了的事，要抓住时机、立即行动。对定下来的事，要雷厉风行、抓紧实施，能办的立即办，能快的尽量快，能赶的尽量赶。大力推行"一线工作法"，做到问题在一线发现、矛盾在一线解决、工作在一线推进、作风在一线锤炼，努力打通政策落实的"最后一公里"，使上级的决策部署真正落到实处，让发展有实实在在的新变化、群众有实实在在的获得感。其二，攻坚克难敢作为。坚持严明职责，压实责任，将每项部署、每件事情、每个项目都要细化分解、做到责任到人、要求到人、措施到人。坚持事不避难，对该做的事，顶着压力也要干；对该负的责，迎着风险也要担。该决策时果断决策，该拍板时大胆拍板，绝不能畏首畏尾、优柔寡断。其三，千帆竞发创一流。坚持用心做工作，做出特色、做出亮点。以"人一我十、人十我百"的魄力，拿出超常规举措、跑出"加速度"，实现大余"赶超跨越、转型发展"。五是建设讲政治、讲信念、讲责任的忠诚型政府。大余县大力弘扬革命传统，传承红色基因，汲取红色力量，持续深化作风建设，引导和推动全县政府系统及其工作人员始终深怀忠诚之心、践行忠诚之举，将绝对忠诚贯穿和体现在政府工作全过程、各方面。其一，要讲政治。旗帜鲜明讲政治，做政治上的明白人。其二，讲信念。用习近平新时代中国特色社会主义思想武装头脑，学思践悟、融会贯通，真学真懂、真信真用，确保县政府工作沿着正确方向不断前进。其三，讲责任。坚持树立为人民服务的宗旨意识，一心一意为群众办实事、办好事，有利于群众的事再小也要办，损害群众利益的事再小也要除。

## （三）保障与救助工作

### 1.兜底保障工作

城市低保月保障标准由530元提高到了580元，人均月补差达到了380元；农村低保月保障标准由305元提高到了340元，人均月补差达到了255元；农村五保分散供养标准由3840元/（人·年）提高到4200元/（人·年），农村五保集中供养标准由5100元/（人·年）提高到5460元/（人·年），为72名孤儿按时按标准发放了生活费补助；实现了兜底保障标准和增幅高于扶贫贫困线标准。

## 2. 专项救助体系建设

一是不断完善"救急难"发现、受理、转办机制，规范工作流程，提高乡镇直接救助审批的权限至 2000 元。2018 年，大余县共救助城乡困难群众 634 人次，发放救助金 39.6 万元。二是稳步拓展医疗救助范围，救助对象从特困群众拓宽到低收入群体，2018 年，大余县城乡医疗救助 6450 人次，发放资金 439.74 万元，进一步完善了健康扶贫"四道保障线"。

## 3. 农村"低保"专项治理工作

大余县先后开展了兜底保障扶贫"春季攻势""夏季整改""秋冬会战"等专项行动，着力整治兜底保障扶贫领域形式主义官僚主义突出问题。扎实推进农村"低保"专项治理和各级督察发现兜底保障领域存在的问题立行立改，2018 年共清退取消农村"低保"对象 384 户 824 人。

## 4. 欠发达地区城镇居民解困工作

在赣州市率先出台了相关文件，探索引入劳动力系数破解困难家庭收入核算难题。一是分门别类设定劳动力系数。对于无劳动能力的，年龄在 16 岁以下、60 周岁以上的人员，以及重度残疾人，设定劳动力系数为 0；对于有劳动能力的，年龄在 17~60 周岁的人员，设定劳动力系数为 1。二是科学合理扣减劳动力系数。对 60 周岁以上的人员，随年龄增长来扣减劳动力系数；对一般残疾人员、患有慢性疾病人员、三级智力残疾、精神残疾等人员，结合伤残等级、病情程度、年龄阶段等因素扣减劳动力系数；对正常劳动力且家庭中有 1 名需要长期照顾的人员，扣减 0.2 个劳动力系数，以此类推，一个家庭最多可扣减 0.6 个劳动力系数。三是依法依规界定特殊情况。对残疾人、患有疾病人员，提出了界定标准；对重病、慢性病人员的病种进行了明确细化，从而实现了精准施保、精准施救。

## （四）救灾救济工作

大余县根据中央、省、市决策部署，以县委、县政府名义出台了《关于推进防灾减灾救灾体制机制改革的实施意见》，"八个率先"推进防灾减灾救灾体制机制改革。一是率先探索推进农村社区综合减灾理事会建设。不断健全社会力量参与机制，有效延伸了农村综合减灾的"触角"。二是率先建立政府购买自然灾害公众责任险及见义勇为救助责任险长效机制。三是率先建立三级应急物资储备网络体系。县、乡、村分别按照 3 元 / 人、不低于 5 万元、不低于 0.3 万元的标准储备物资，提升基层应急物资保障能力。四是率先实现乡镇小型消防站所和应急力量队伍建设全覆盖。不断夯实基层装备保障能力，实现了"见火不慌抬手就打"目标。五是率先明确县本级防灾减灾救灾工作经费标准并列入县财政预算。2018 年 5 月 11 日，在青龙镇元龙村举行了"大余县 2018 年防灾减灾日走进元龙村集中宣传活动"，2018 年 6 月 25 日在黄龙镇大龙山开展了"大余县大龙山地震应急演练"。大余县财政每年按不低于 350 万元安排防灾减灾救灾资金，其中按辖区人口每人 2 元标准安排 62 万元工作经费，2018 年拨付使用资金 52.5 万元。六是率先建成县级智慧城市指挥中心平台。投资 3500 万元建设信息共享平台，实现了应急管理"耳聪目明"。七是率先建成县级无人机应急指挥中心。投资 1341 万元建设指挥中心，开办无人机驾驶培训专业，提高了科技支撑水平，多次得到了应急管理部领导、省厅救灾处领导的高度肯定。八是率先出台综合减灾示范社区资助办法。坚持"灾区—社区—景区"提升思路，以"十个一"为抓手，推进青龙镇元龙社区创建 2018 年全国综合减灾示范社区，稳步推进创建全国综合减灾示范县。

## （五）福利慈善工作

### 1. 公办养老机构

大余县 2018 年投入 1200 多万元对池江镇等 4 个乡镇敬老院进行改造提升，投入专项资金 90 多万元为各乡镇敬老院配备了微型消防站、烟感报警系统、监控系统。积极争取县委县政府支持，县财政每年新增预算 324 万元，从机制上解决了乡镇敬老院日常工作经费问题。

### 2. 民办养老机构

大余县通过土地支持、争资争项，大力支持五福居养老康复中心、龙泉山老年公寓、丫山健康养老等民办养老机构建设。五福居养老康复中心全面建成，新增养老床位 700 张；龙泉山老年公寓、丫山健康养老项目进展顺利。

### 3. 养老院服务质量

大余县每季度定期召开养老机构服务质量流动现场会，要求各养老机构负责人深入每位院民房内，查找管理服务上的死角、盲点，在汇报点评会上，要求只谈问题不谈成绩，只讲整改不讲亮点。2018年共查找问题575个，整治率达100%。

### 4. 农村社区居家养老试点工作

民政局积极争取县委、县政府批复成立县"时间银行"健康养老事业管理局，落实编制10名和试点工作经费200万元。2018年，民政局先后投入100余万元，在新城镇水南社区、青龙镇元龙社区、南安镇余西街社区推进"时间银行"试点工作，开发了"大余时间银行"APP系统，以县委、县政府名义出台《大余县健康养老"时间银行"试点工作实施方案》等10项规章制度。

### 5. 高龄、残疾特殊群体保障工作

2018年，大余县共新办《老年人优待证》1132本，投入9.8万元为大余县70周岁以上老年人城乡低保对象、重点优抚对象办理了老年人意外伤害保险，发放高龄补贴对象5765人共604.67万元，会同县残联发放残疾人"两项补贴"共346.26万元。

### 6. 福利彩票销售和慈善事业发展

一是福彩销售量打了翻身仗。2018年，大余县自农历大年初四起，率先举办了户外大卖场销售活动，创即开票销售630多万元的历史新高，得到了赣州市局的高度认可，要求各县组织福彩战线工作人员前来现场观摩。2018年累计销售电脑彩票和即开票2485.13万元，占任务数的113.2%。二是慈善事业得到发展。加大了《中华人民共和国慈善法》的宣传力度，为26名考取一本高校的学生申请了"科瑞助学"资金13万元；开展了对重型地中海贫血患者的救助项目，为青龙镇平岗村廖慧欣患者申请了10万元慈善捐赠资金；积极争取市慈善总会支持，在河洞乡金坪村探索建立了"慈善超市"平台。

### （六）乡村振兴工作

#### 1. 乡村治理工作

一是平稳开展119个村（居）委换届选举工作。第十届换届选举优化了村级班子的素质结构，营造了风清气正的换届生态，选出了和谐稳定的好局面。

二是健全完善村民居民自治机制。指导新一届村（居）两委班子建立健全村（居）民代表会议制度、村（居）规民约、村（居）务公开和民主管理等制度。加强村（居）务监督委员会建设，确保村（居）务监督委员会的建议权、质询权、知情权。2018年12月，大余县在全省村（居）务监督工作培训会上做典型发言。三是扎实推进"扫黑除恶"专项斗争。根据国家及省、市工作部署，对大余县105个行政村就村匪村霸、黑恶势力进行了专项排查，及时向相关部门报送排查情况。

### 2. 农村公共服务工作

一是抓好社工人才培养。2018年，大余县组织机关干部12人参加全国社会工作师资格认定考试，2人取得社会工作师资格。二是扎实开展志愿者服务工作。组织大余县各类志愿服务组织，开展城乡环境整治、创建文明城市、关爱老人、护学站岗等志愿服务工作，2018年累计开展各类志愿服务32.28万小时。三是大力推进农村社区建设。按照组织体系规范化、平台建设标准化、办事服务便捷化、协商议事制度化、居民活动常态化、生活环境宜居化"六化"标准，积极创建青龙镇元龙畲族村社区。

### 3. 农村移风易俗工作

大余县主动服务乡村振兴战略和乡风文明行动，推进殡葬改革和婚俗改革。一是绿色殡葬改革取得阶段性成效。大余县坚持教管并举、疏堵结合、破旧立新、知行合一的原则，积极推行殡葬改革。创造性地推行"教、疏、堵、管、转"五步法，实现了遗体火化率、生态公墓覆盖率、骨灰入葬公墓率、"三沿六区"可视坟墓迁入公墓率"四个百分之百"。民政部领导认为大余县的做法给全国破了难题，经验值得在全国推广。在全国首创林地与墓地复合利用新模式，实现了节地生态安葬。依山就势，在林下、树下建墓，全部采用卧式墓碑，既节约了土地资源，又不毁坏林业生态，此做法写入了《殡葬管理条例（修门草案征求意见稿）》和《江西省人民政府办公厅关于加快推进殡葬改革促进殡葬事业发展的实施意见》。在江西省率先实行骨灰入公墓全民免费。在原来5项基本殡葬服务免费基础上，又实行了骨灰安葬到城乡公益性公墓（骨灰堂）全民免费，实现了全民惠葬。大余县殡葬改革的做法，得到了民政部和省市领导的多次批示或肯定。2018年7月17~18日，大余县为全省殡葬改革工作现场推进会提供了现场参观考察点并在大会上做典型发言；2018年12月

5~7 日，大余县在全国丧葬礼俗改革暨公益性公墓建设管理座谈会上做典型经验介绍。中央、省市主流媒体先后刊登大余县殡葬改革的经验做法 8 次。二是社区红白理事会有效覆盖。大余县指导村（居）成立红白理事会 119 个，着力解决婚丧"大操大办"陋习，切实降低群众婚丧支出。通过村（居）社区红白理事会制定了村规民约，与婚丧户主签订不大操大办承诺书，为群众算好经济账、资源账、生态账、法律账、幸福账，积极主动地介入村民的红白事，全程指导、操办、监督婚丧嫁娶事宜。"厚养薄葬""丧事简办、婚事新办"成为了新常态、新风尚。

## 四、赣州市南康区民政振兴发展现状

### （一）社会福利工作

#### 1. 孤儿、"三无"人员安置工作

在对南康区上报孤儿救助对象进行调查、审查、审批的基础上，已审定符合条件的 119 位孤儿享受基本生活保障金补助。福利机构抚养的孤儿每人每月 1100 元，城乡散居孤儿每人每月 700 元，2016 年共发放孤儿基本生活保障补助金 131.85 万元，并按要求保质保量完成了孤儿数据录入、核对和各项表格、材料的上报工作。全年共为 45 名"三无"人员发放供养资金 31.86 万元。此外，对福利院集中供养的孤儿和"三无"人员、康华医院和唐江敬老院集中供养的孤儿进行实地察看，并拍照存档。

#### 2. 残疾人两项补贴发放工作

南康区落实残疾人两项补贴，残疾人两项补贴标准为困难残疾人生活补贴每人每月 50 元，重度残疾人护理补贴每人每月 50 元，残疾人两项补贴每人每月 100 元。全年共发放残疾人两项补贴 525.635 万元。

#### 3. 乡镇敬老院、老年公寓、社会化养老项目建设工作

大坪、唐江、浮石等敬老院建设陆续完工，福利院老年公寓项目建设进展顺利，在东山街道金河路原东山街道开心游泳中心地块选址 10.5 亩建设民办老年公寓，这些都将进一步完善南康区老年福利条件。同时完成了各类民政项目申报。自 2016 年以来，先后完成了"十三五"期间各类民政项目的申报工

作,同时还上报了蓉江街道苏茅村老年人颐养之家、横市镇大陂村老年人颐养之家两个农村养老服务平台项目。

## (二) 优抚安置工作

南康区进一步提高了重点优抚对象生活补助标准,2016年发放优抚生活补助2370万元,发放医疗补助资金119.5万元,缓解了优抚对象医疗难、生活难问题。

南康区组织开展了清明、烈士纪念日祭奠活动和"八一"建军节慰问驻地部队、老红军、老战士活动,弘扬了革命传统精神。

## (三) 社会救助工作

### 1. 提高社会救助对象补助标准

从2016年1月起,城市"低保"平均保障标准由每人每月470元提高到每人每月500元。2016年发放城市"低保金"1606.5万元,月人均补助由290元提高到320元。农村"低保"平均保障标准由2015年的2880元提高到2016年的3240元,2016年发放农村"低保"金9040.5万元,月人均补助由175元提高到210元。农村集中供养"五保"对象补助标准提高到4380元,分散供养"五保"对象补助标准提高到3480元,2016年发放"五保"供养资金1784.96万元。

### 2. 动态管理工作

南康区实施了"低保"对象年度审核等常态化管理,开展了为期四个月的"提升低保管理水平"专项活动,采取集中人力上户核查、跨部门信息比对等方式,清查处理706名"经商办厂、购买车辆、购买商品房、成员死亡"等问题的"低保"对象,维护了"低保"工作公信力,提升了群众对工作的认同感。

### 3. 医疗救助

南康区继续开展资助社会救助对象参加新农合工作。2016年共医疗救助3.04万人次,发放救助金1874.8万元。

## （四）救灾救济工作

### 1. 灾害应急救助工作

南康区树立防大汛、救大灾危机意识，坚持应急值班，畅通信息联动，从强化物资储备、生活救助、应急响应入手，推进自然灾害紧急救助体系建设。2016年下拨大米6000斤、毛巾毯200床，预拨救灾资金10万元，麻双、横市、隆木等乡镇洪灾受灾群众得到及时救助。

### 2. 灾害救助模式

南康区建立了冬春困难群众生活救助台账，发放冬令春荒救济款300万元，解决了2万余名群众的口粮、御寒问题。同时引入社会力量参与，实施自然灾害公众责任险制度，通过"政府救助＋社会保险"的双重模式提升因灾受伤、因灾死亡人员家庭恢复生活能力。

## （五）社会组织管理工作

社会组织改革发展加快。南康区全面实行公益慈善类、社区服务类等"四类"社会组织的直接登记和社会组织统一社会信用代码制度。2016年，新增社团登记18个，民办非企业登记26个，全区登记在册的民间组织达到315个。批准成立115个社会组织基层党组织，实现党的组织和党的工作100%覆盖。举办了支部书记、入党积极分子、"两学一做"学习教育等专题培训，培训党员200人次，党组织和党员的作用得到彰显，推动了社会组织健康发展。

## （六）社区和基层政权工作

### 1. 社区服务

2016年，南康区进一步完善了社区服务布局，新增设了唐江镇一糖厂社区和朱坊乡积胜社区2个城镇居委。住宅小区预留配置社区管理和服务用房政策落地，2个商品房开发商无偿配套建设306.8平方米社区用房交接到位。

## 2. 民主自治管理

南康区在全区村（社区）全面建立了村（居）民理事会机构，推进了村级事务民主协商。落实了农村离任"两老"和居委会干部生活待遇政策，发放农村离任"两老"生活补助56.4万元，发放社区干部补助28.64万元。

## （七）社会事务

### 1. 流浪乞讨人员救助法规政策

南康区实行自愿救助和无偿救助，建立了南康区中心城区流浪乞讨人员救助管理暨流浪未成年人救助保护工作联席会议制度。加强救助管理，加大主动救助力度，尤其是节假日和重要活动期间加大对公共场所的巡查力度，为流浪乞讨人员提供返乡路费和物品，帮助流浪乞讨人员返乡回家。2016年，共救助流浪乞讨人员421人次，其中未成年人7人次。

### 2. 留守儿童排查救助工作

南康区成立了由教育、公安、民政等27个部门组成的农村留守儿童关爱保护工作领导小组，开展了留守儿童排查认定、信息采集和关爱保护工作，2878名留守儿童中的重点保护对象得到有效干预和帮扶。

### 3. 婚姻登记

南康区婚姻登记做到规范管理，共办理结婚登记5831对，离婚登记1137对，补领婚姻登记证4864对，登记合格率达100%。

### 4. 绿色殡葬建设

南康区2016年共火化遗体2570具，新增长安陵园、龙回镇油田村公益性墓地和龙岭镇王村公益性墓地。积极服务于生态文明和产业发展建设，开展了交通干道、城区周边可视坟墓专项治理行动，启动了占地350亩的东山街道生态公益性墓地建设。

# 第三节  抚州市民政振兴发展

2017 年，抚州市民政系统深入践行"民政为民、民政爱民"工作理念，将民政工作主动融入经济社会发展大局，民政基础进一步夯实。在江西省民政工作会议上，抚州市社区服务体系建设、福利彩票发行工作获评优秀单位，高龄补贴人脸识别模式获评江西省民政工作创新奖。

## 一、社会救助工作

### （一）精准做实救助工作

2017 年，城乡"低保"财政月人均补差水平分别达到 365 元和 235 元，精减退职老弱残职工救济标准月人均提高 30 元。进一步提升医疗救助标准，超出部分由县级财政兜底。开展清理"低保"对象专项整治行动，2017 年 10 月联合相关部门在抚州市开展民政兜底保障专项督查，落实城乡低保"七不保""四从严""五步骤"情况列入重点督查范围，线上精准核对居民家庭经济状况，抚州市共核查救助申请对象 104634 户，审批通过 90868 户，核查信息预警 7866 户。其中，核查最低生活保障救助申请 104169 户，审批通过 90868 户，核查信息预警 7826 户；核查医疗救助申请 24 户，核查信息预警 3 户；核查临时救助申请 256 户，核查信息预警 36 户；核查特困人员救助申请 185 户，核查信息预警 1 户。

### （二）补齐"短板"提升保障能力

抚州市政府出台《关于进一步加强基层民政能力建设的实施意见》，通过精准识别、精准纳入、精准退出，"低保"常补对象比例由 11% 提高到 18%，户均保障人口由 1.4 人／户提高到 2 人／户。全面完成"数字民政"等数据录入工作，共录入城市"低保"70429 人、农村"低保"129277 人。

### （三）开展"一站式"结算服务

抚州市城乡部分群众在抚州市或抚州以外异地定点医疗机构就医时，可"一站式"即时结算。2017 年 8 月，城乡困难人口就医"一站式"结算服务系统正式上线，截至 2017 年底，抚州市"一站式"结算医疗救助 3.4 万人，累计发放医疗救助资金 3397 万元。

### （四）构筑五道医疗保障线

民政部门与人社、财政等部门密切配合，共同构筑农村困难人口城乡居民基本医保、大病保险、商业补充保险、民政医疗救助、政府财政兜底互为补充的五道医疗保障线，困难患者住院医疗费用自付比例控制在 10% 以内。

## 二、社会福利工作

### （一）概况

2017 年，出台《抚州市人民政府办公室关于全面放开养老服务市场提升养老院服务质量的实施办法》《抚州市人民政府办公室关于推进乡镇敬老院达标建设的实施意见》《抚州市人民政府办公室关于提高我市高龄老人补贴标准的通知》《抚州市养老院服务质量建设专项行动实施细则》，为推动养老院服务提质增效提供保障。抚州市新建敬老院 11 所，升级改造床位 1713 床，市级财政下达奖补金额 452.5 万元。由国家开发银行贷款、投资 2.2 亿元的市社会福利中心老年公寓二期的 2 万多平方米的护理型老年公寓楼封顶，康复医院、普通老年公寓、综合服务楼即将开工建设。崇仁、金溪、宜黄、乐安等县社会福利中心正在规划和建设中；一批民办养老示范项目，如抚州亲和源老年公寓、乐安龙源老年公寓、东乡银河家园医养中心等项目也在加快推进。

### （二）居家养老建设

抚州市建成 298 个城乡社区居家养老服务设施。在城市，通过配建、新建、改造等方式，建设一批社区居家养老服务中心（站）；在农村，结合新农村建设，配建一批农村老年人活动场所。市本级采取公建民营模式，引进中科慧康健康管理（北京）有限公司，负责运营管理抚州市爱心居家养老服务中心，打造集智慧养老信息中心、智能健康管理、居家养老生活服务、涉老产品推介于一体的居家养老服务平台，为老年人提供包括健康管理、生活照护、文娱活动等在内的居家健康养老服务。

### （三）医养融合

抚州市初步形成医养结合四种模式：一是医疗机构主导模式。在养老院建设医疗分支机构，如黎川县中医院在县社会综合福利院开设分院。二是养老机构主导模式。在养老院内开设医疗机构和开办社区卫生服务中心（站），如在抚州市社会福利中心内设红石嘴社区医疗服务站，抚州市有 50 家养老机构具备医保定点资格。三是社区主导模式。依托社区卫生服务中心（站），为社区居家养老服务中心和居家老人开展养老健康档案管理、日常健康服务咨询等居家养老医疗卫生服务。四是医养机构合作模式。由养老院就近与医疗机构签订服务协议。

## 三、优抚安置工作

### （一）概况

2017 年，抚州市有重点优抚对象 18931 人。其中，退役伤残人员 1586 人、在乡复员军人 602 人、带病回乡退伍军人 2626 人、"三属" 329 人、参试参战人员 2703 人。另外，年满 60 周岁农村籍退役老兵 10463 人，年满 60 周岁农村籍烈士子女 622 人。抚州市共接收退役士兵 1422 人，其中，自主就业退役士兵 1336 人，符合政府安排工作的有 86 人。2017 年抚州市组织开展第四个国家烈士纪念日公祭活动。

### （二）抚恤补助政策

抚州市将抚恤金和生活补助通过 "一卡通" 发放到优抚对象手中。积极协调有关部门落实优抚对象免费乘坐公交车、"三免四减半" 和省内旅游景点优惠政策。

### （三）军休干部接收安置工作

抚州市主动加强与部队的对接，做好部队移交军休干部的接收安置工作。2017 年，共接收军队离退休干部 2 名。组织军休干部参加 "庆祝建军 90 周年，喜迎党的十九大" 系列纪念活动；组织军休干部参加 "走进陶瓷，艺享晚年" 文化活动。

## （四）退役士兵安置工作

2017 年，抚州市共接收退役士兵 1422 人，其中，转业士官 86 人。组织 1035 名退役士兵参加职业教育和技能培训，参训率达 77%。86 名转业士官 95% 安置在全额拨款事业单位，两项指标均位于江西省前列。

## （五）双拥活动

由市委、市政府主要领导带队，深入驻抚部队、军队离退休老干部休养所及重点优抚对象家中走访慰问。抚州市"双拥"办公室与慈善总会联合举办"慈善关爱困难军人军属"慰问活动。48 名转业军官安置一次性安排到位。驻抚部队积极投身处置突发事件、抢险救灾、抗击雨雪冰冻和创建国家文明城市、卫生城市等各项活动。2017 年驻抚州市部队各级共投入 100 万元，协调资金 360 万元帮助落后乡村，拿出 10 万余元为相关学校购买教学设备、图书等；建立 12 个军民共建精神文明示范点，援建农村宣传橱窗 12 个、"青年民兵之家"和农家书屋 127 个；完成火车站春运执勤，重要节假日、汤显祖戏剧节活动警卫安保任务，有效维护社会安全稳定；组织 300 余名官兵义务献血 2.84 万毫升；积极开展结对共建帮扶活动，经常与东华理工大学、南昌大学医学分院等单位开展以消防服务、防火宣传及文化交流等为主要内容的共建活动，增进军政军民鱼水情。

# 四、救灾减灾工作

## （一）概况

2017 年，抚州市共遭遇 2 次洪涝灾害，1 次干旱灾害。洪涝灾害造成受灾人口 282118 人，紧急转移安置人口 4365 人，需紧急生活救助人口 2364 人，农作物受灾面积 22619 公顷，绝收面积 1988 公顷，倒塌房屋 55 户共 146 间，严重损坏房屋 87 户共 163 间，一般损坏房屋 59 户共 118 间，造成直接经济损失 2.44 亿元。南城、崇仁、乐安 3 地出现旱情，受灾人口 38681 人，因旱需生活救助人口 920 人，农作物受灾面积 2996 公顷，绝收 992.1 公顷，造成直接经济损失 638 万元。

## （二）开展第九个"国家防灾减灾日"宣传

2017 年 5 月 8~14 日"国家防灾减灾日"宣传周期间，抚州市移动、联通和电信公司向市民发送防灾减灾公益短信，抚州市地震局、红十字会、市教育局以减灾知识"进校园""进社区"为重点，联系相关学校、社区，设置相关咨询点开展宣传及演练演示活动。2017 年 5 月 12 日，在抚州市城区马家山广场举行"防灾减灾日"集中宣传活动。

# 第四节  吉安市与典型县（市）民政振兴发展

## 一、吉安市民政振兴发展

2018 年，吉安市民政部门完成省政府提出的 13 件民政民生工程指标和市政府工作报告赋予民政的 9 项工作任务，落实社会救助提标提补政策，开展低保年审和信息比对，加强养老服务体系建设，提升综合减灾防灾能力，完善基层社会治理体系，做好优抚安置双拥服务，深化绿色殡葬改革，发展福利慈善事业，为共绘新时代"江南望郡金庐陵"美好画卷做出积极贡献。

### （一）社会福利与慈善事业

#### 1.养老服务体系建设

推广"智慧＋养老＋医疗"服务模式，探索农村养老服务落地多种方式，引进南京禾康智慧养老产业有限公司、重庆仁恒养老服务有限公司 2 家居家养老服务企业进驻吉安，建设智慧养老平台、打造示范性综合性日间照料服务中心，承接政府购买困难老年人居家和社区养老服务。制定出台《关于加强农村养老服务工作的指导意见》，推进农村居家养老服务。继续开展养老院服务质量建设专项行动，吉安市取得食品经营许可证的养老机构达到 89%，取得设立许可证的养老机构达到 19.6%。落实《江西省养老服务设施公建民营暂行办法》，安福县、青原区、吉安县福利院实现公建民营。

## 2. 慈善事业

完成吉安市慈善总会换届。换届期间，共募集捐赠资金4563万元，达成定向捐赠项目209个。新设3个慈善阳光班，资助高中学生130名共132万元。2018年救助困难家庭62户共22.4万元，救助儿童大病家庭15户共10万元。成功争取到中华慈善总会药品援助项目，资助市内白血病、地中海贫血病患者68人，免费发放甲磺酸伊马替尼片、达希纳等价值1048余万元援助药品。成功争取中华慈善总会、华润慈善基金会、江西省慈善总会等60余家全国性社会组织到吉安开展结对帮扶，仅遂川县就到位资金8500多万元，支持该县农村爱心公寓、光伏产业等27个开发项目建设。

## 3. 福利彩票

2018年，吉安市福利彩票站点总数为441个，其中乡镇福利彩票站点160个，城区福利彩票站点281个。2018年共销售福利彩票3.4亿元，销量较2017年同比增幅37%，排名江西省第二。

## （二）城乡社会救助

### 1. 城乡居民最低生活保障

从2018年1月1日起，城市和农村最低生活保障标准分别提高到每人每月580元、每人每月340元。城镇特困供养标准提高到每人每月755元，农村特困供养集中和分散供养标准分别提高到每人每月455元、每人每月350元。保障城市"低保"对象3.76万户共7.01万人，累计发放资金2.91亿元，月人均补差386.3元。保障农村"低保"对象10.72万户共21.3万人，累计发放资金5.71亿元，月人均补差259.7元。

### 2. 临时救助

吉安市临时救助7998人次，发放资金1631万元，特别救助310人，发放资金266.53万元，较大程度上缓解了部分家庭在重大事故面前的经济压力。吉安市"一门受理"欠发达地区群众诉求2368余件次。

### 3. 医疗救助

2018 年吉安市医疗救助 26.91 万人次，救助资金 15521.43 万元；其中吉安市对欠发达地区人口医疗救助累计救助 55892 人，发放资金 2153.75 万元。

## （三）救灾减灾

### 1. 自然灾害应对

2018 年，吉安市共发生 11 次自然灾害（其中 5 次风雹灾害、3 次洪涝灾害、2 次干旱灾害、1 次台风灾害），共造成受灾人口 66.28 万余人，因灾死亡 8 人，紧急转移安置 5.98 万余人；倒塌房屋 809 户共 3270 间，严重损房 89 户共 223 间，一般损房 2914 户共 6628 间；农作物受灾面积 5.3 万公顷，其中农作物绝收面积 1.73 万公顷；造成直接经济损失 12.27 亿元，其中农业损失 5.43 亿元。争取上级下达自然灾害补助资金 6450 万元，市本级 532 万元，确保受灾群众有饭吃、有衣穿、有干净的水喝、有临时住所、伤病患者能及时得到医治。

### 2. 抢险救灾

2018 年，在"6·7"洪灾紧急转移安置受灾被困群众方面，吉安市蓝天救援队、吉安登云救援协会、赣南救援队、于都蓝天、新余蓝天等 22 支救援组织共 800 余人携带冲锋舟 30 艘、救生衣 300 件、急救包 200 个，协助当地党委政府开展灾害信息收集、转移被困群众、清除路障、处理电线电缆、运送救灾物资等活动。紧急转移受困群众 3000 余名，排查房屋 1000 余栋，清除路障、电线电缆、排除险情 100 多处，运送食品、药品、饮用水若干。同时，蓝蝶生命教育促进会、青年企业家协会等近 10 个社会组织向灾区开展赈灾募捐，并将捐赠的大米、矿泉水、毛巾毯等 50 余万元生活物资送往灾区。

## （四）社会组织管理

### 1. 社会组织管理创新发展

吉安市依法做好社会组织登记管理，加强事中事后监管，规范 227 家行业协会商会涉企收费行为，撤销、处罚长期不参加年检、不接受监督检查的市属社会组织 34 家。指导遂川县、永新县成立社会组织培育发展中心，辐射带动当地社会组织规范成立和依法运营。由吉安市青少年心灵成长发展中心等社会组织承接中央财政和省级公益项目 8 个，项目资金共计 218.1 万元。

### 2. 社会组织党建

吉安市召开中共吉安市社会组织第一次党员代表大会，选举产生第一届委员会委员、书记、副书记。新增 29 个基层党支部，实现市属社会组织党建基本覆盖。

### （五）婚姻登记

吉安市完成婚姻登记总数 52693 对，其中结婚证登记 29902 对，离婚证登记 8750 对，补发结婚证登记 13589 对，补发离婚证登记 452 对。

### （六）殡葬管理

#### 1. "绿色殡葬"

吉安市完成公益性公墓（骨灰堂）规划选址 3060 处，完工或投入使用 2640 处，基本辐射到所有村组。公墓规划建设不毁林、不砍树，依山就势，实现生态安葬。吉安市共火化遗体 1.38 万具，火化率上升到 75%，位居江西省前列。吉安市共成立红白理事会 2961 个，实现村级全覆盖。

#### 2. 殡葬"三禁"工作

吉安市印发《关于在全市城区公墓区禁烧祭品禁燃鞭炮禁沿街游丧的通知》《吉安市中心城区和公墓区禁烧祭品禁燃鞭炮禁沿街游丧工作方案的通知》，农历中元节和冬至"三禁"期间，中心城区的街、路、巷等公共场所禁止焚烧祭品、燃放鞭炮、游丧。

#### 3. 散埋乱葬专项整治

吉安市采取整墓迁移、依法拆除、改小改卧、平推不留坟头等方式，在吉安市"三沿六区"（高速公路及连接线、国道及省道、铁路等主干道沿线内侧可视范围，耕地、林地，城市公园、风景名胜区和文物保护区，水库及河流堤坝附件和水源保护区，城市建设规划区，工业园区，住宅区）开展散埋乱葬专项整治，集中整治坟墓 2 万多穴。

# 二、吉安市安福县民政振兴发展现状

## （一）民政工作

### 1. 县社会福利院

安福县城建成了一所占地面积30亩、床位300张的集老年福利、儿童福利、优抚服务、流浪乞讨人员救助、医疗康复于一体的综合性福利机构，有老年福利中心、儿童福利中心、优抚服务中心、医疗康复中心，以及综合楼、食堂餐厅、救助站（未成年人保护中心）和物资仓库等建筑，主要满足城镇"三无"对象、弃婴、孤残儿童、优抚对象等养老、养育服务的需要，剩余的资源面向社会解决养老问题，目前已收住119人。

### 2. 乡镇敬老院

安福县每个乡镇均建立了一所农村敬老院，总占地面积405亩，总建筑面积44760平方米，总床位近700张，主要满足农村"五保"供养对象、城镇"三无"对象等养老服务的需求，目前安福县在院总供养人数为345人。

## （二）主要做法

第一，2015年社会福利院建成后，安福县加大投入，采购了各类办公设施、家具和电器，购置了日常生活用品，完善了视频监控、呼叫系统，安装了无障碍扶手、空气能热水器和饮水系统，满足了在院养老对象的基本服务需求。近年来，安福县陆续完善了福利院的基础设施及消防设备的安装，提升了管理水平和服务质量。

第二，抓好农村敬老院的改造提升工作，完善各乡镇敬老院的基础设施建设，新建或改建院民楼、办公楼，完善洗浴室、办公用房、老人卧室、卫生间等基础功能设施；加大敬老院附属设施建设和场地绿化设施，兴建凉亭、公共浴室、养殖场、晴雨晾衣场等；安福县加大资金投入，重点完善敬老院的水电设施、消防设施改造，安装火灾自动灭火系统、烟感器、应急照明灯、消防栓和消防通道等；加强了对敬老院值班、查房制度落实的督查，建立了安全管理常态化管理机制，进一步提升敬老院的安全管理水平。与此同时还加强了敬老院的能力建设，强化了敬老院工作人员的敬业意识和服务技能，到目前为止，安福县敬老院的院长、会计基本上均已取得了养老护理员初级以上资格证。

## （三）特色亮点

### 1. 社会福利院推行"公建民营"管理模式

安福县通过"竞争性磋商"的方式实行了县社会福利院"公建民营"，委托给了江西宇洁智慧养老产业有限公司进行管理服务，在实现城镇"三无"、孤儿等对象的兜底服务的基础上，开展社会化养老服务，主要为服务对象提供生活照料、医疗护理、精神慰藉、文体娱乐、法律维权、临终关怀等多种服务，并针对有需要的服务对象提供助餐、助浴、助洁、助急、助医、助学等专项服务。

### 2. 对失能半失能困难人员实行集中照护

建立了县级失能困难人员集中护理点，将安福县敬老院失能半失能困难人员集中到县社会福利院进行照料护理，依托福利院的护理设施和人员功能，满足了失能困难人员的护理服务需求。目前在县社会福利院集中照护的失能困难人员达 35 人。

### 3. 促进养老机构和医疗机构融合发展

为加强养老院的规范化管理，切实解决在院供养对象"看病难"的问题，安福县民政局和县卫计委联合印发了《安福县推进医疗卫生与养老服务融合发展实施意见》。各敬老院根据实施意见的要求，分别与各乡镇卫生院签订了合作协议，探索设立医疗机构和养老机构间的就诊绿色通道，并以派驻医护人员、诊疗设备等方式开展合作。目前，安福县共投资 20 万元为各敬老院建立不少于 10 平方米的医务室，购置诊疗桌椅、药柜、常用医疗器械和治疗常见病、多发病药物，统一挂牌以及通水通电等。

### 4. 开展居家和社区养老服务改革试点

安福县引进了重庆仁恒养老服务有限公司，开展了安福县居家和社区养老服务改革试点工作，在原县人民医院建立了县级智慧养老服务平台与综合性、示范性居家和社区养老服务站点，线上依托智慧养老平台，实现了老年人数据查询、建立个人信息档案、关爱定位、紧急救援、定期回访、一键通助急、照料中心运行监控等服务；线下形成以居家养老服务照料中心为依托、社区集中照料和居家上门服务的服务体系，提供基本生活服务和日常生活照料服务，如助餐、助洁、助残、助浴、助行等。重庆仁恒养老服务有限公司已为平都镇1000 余名老年人提供 2 大类服务（基础服务和实体服务）、13 个免费服务小项。截至 2017 年 6 月底，共给老年人、残疾人助餐（送餐）38 次，提供家庭保洁及家务照料 100 次，助行 3 次，助残护理 38 次，聊天助浴 12 次，基础信息服务 6075 人次。

# 三、吉安市万安县民政振兴发展现状

## （一）社会保障

### 1. 完善"低保"制度，实现应保尽保

2018 年，万安县城市"低保"对象 1804 户共 2553 人，人均补差 410 元；农村"低保"对象 7593 户共 12963 人，人均补差 285 元。为全面落实"低保"政策，提高"低保"工作精准度，做到"应保尽保、应退尽退"，万安县主要做法：一是完善制度，确保有规可依。以政府名义出台了《万安县社会救助暂行办法》《万安县关于进一步加强和改进最低生活保障工作的实施意见》《万安县城乡低收入家庭收入和财产信息核对实施办法》等政策性文件，进一步明确和细化了操作办法。二是设立窗口，方便群众办理。各乡镇设立了"一门受理、协同办理"社会救助统一受理窗口，规范了窗口服务内容、服务流程等，做到"一明显三上墙"，即窗口标识明显，救助政策上墙、工作职责上墙、监督投诉电话上墙。同时，在村级设立了民政专干，方便群众咨询和办理。三是严格流程，规范操作。始终坚持申请受理、入户核对、民主听证、审核审批、公示、发放等程序，不简化、不漏项，坚持城市低保一月一审批，农村低保一季一审批，做到快办快批，及时救助。四是严格监管，确保资金安全。万安县设立了低保专户，实行资金专户管理，封闭运行，资金下拨由县财政局、民政局联合下文，实行一卡通直接发放。严格落实三榜公示制度，同时公布了县民政局、信访局等机构的举报电话，充分发挥群众参与监督的作用；在县、乡、村三级建立了村（居）等基层干部亲属享受低保备案制度；印发了《万安县城乡最低生活保障工作责任制和责任追究制》《城乡低保监督员制度》，对发现的城乡低保"错保""漏保""关系保""人情保"等问题进行追责，杜绝违规操作的行为，严格按制度办事。

万安县 2013 年在吉安市率先成立了万安县城乡居民家庭经济状况比对中心，为民政局下属全额拨款股级事业单位，定编 3 人，人员已全部落实到位。新增"低保"对象必须全部进行财产收入核对，目前已建立了与住房公积金、社保、交警、房管、工商、银行等有关部门组成的协调联动的信息核对机制，实现了资源共享，维护了"低保"工作的公信力，提升了社会救助工作水平。

为了有效识别城市低收入家庭，万安县以公开招投标方式，通过政府购买服务，聘请第三方服务机构对万安县城镇困难家庭情况进行全面的调查评估，作为城镇低保认定的评判依据。

## 2. 推行社会化养老服务

万安县运行的集中养老服务机构共 19 个，其中 1 个县城福利院，18 个乡镇敬老院，另有 1 个福利中心正在建设。2017 年，县政府印发了《关于全面放开养老服务市场的实施意见》，标志着社会资本参与万安县养老服务业的大门已完全打开。这方面工作主要有三项：一是成功推行县福利院"公建民营"改革试点。2017 年 10 月，民政部将万安县福利院列入了第二批公办养老机构改革试点单位，2018 年 5 月，县政府常务会议研究同意，并以政府办公室名义出台了《关于印发万安县福利院公建民营改革试点工作方案的通知》，2018 年 6 月，万安县通过公开招标方式，确定了一家大型、专业的医养结合企业中标，相关工作正在进行中。二是开展农村敬老院社会化养老服务试点。2017 年，万安县利用一所敬老院的闲置楼，改造成社会化养老部，推行社会化养老试点，在试点成功后，2018 年已全面推行了农村敬老院社会化养老服务工作，在满足当地城乡部分人员集中供养需求的基础上，为社会老人提供养老服务，特别是留守老人中的高龄、失能老人，提升农村养老服务能力和水平。三是推进居家和社区养老服务。万安县现有城乡居家养老服务中心 79 个。吉安市通过公开招标，确定了南京禾康智慧养老产业有限公司入驻万安县，为万安县搭建起智慧养老平台和综合性、示范性社区养老服务设施。该企业在县城主区域内（芙蓉镇、五丰镇）开展了政府购买养老服务试点，为 1190 名 80 岁高龄老年人购买信息服务，为 170 名"低保"、重度残疾中的失能半失能老年人提供实体上门服务。

### （二）社区建设

万安县现有城区社区 6 个，其中芙蓉镇 4 个社区已全部成功获评江西省"绿色社区 美丽家园"创建活动示范社区。在 2016 年，万安县被列入江西省农村社区建设试点县，并于 2018 年成功获评江西省唯一的全国首批农村幸福社区建设示范县称号。其主要做法：一是加强组织领导。成立了以县委主要领导任组长的城乡社区建设工作领导小组，出台了《关于实施"人文社区 温馨家园"三年提升工程 推进城乡社区治理和服务创新的实施意见》《万安县探索创建新型农村幸福社区实施方案》等文件，并实施"五统一分"，即统一部署、统一规划、统一标准、统筹资源、统筹资金、分头实施。二是完善基础设施建设。城区社区办公面积达到 600 平方米以上，乡镇社区服务中心面积达到 300 平方米以上。社区统一按照"1234+X"标准打造，即统一悬挂 1 个"中国社区"标识，对外悬挂社区党组织、基层群众自治组织 2 块牌子，建立公共服务、专题服务、协商议事三大功能区，设置信息公开栏、宣传教育栏、制度墙、居民公约或村规民约"4 个一"专栏，"X"即社区根据自身特点和服务对象要求，创新设立其他场所和功能区，以满足社区居民多样化服务需求。三是完善管理机制。实行社区服务管理网格化，根据社区党员数量、分布的实际情况，科学划分网格，保证每个居民点、自然村都有党员，每个网格都有党组织，形成横向到边、纵向到底、条块结合、以块为主的区域性党建工作格局。实行"三社联动"运行机制，通过政府采购、公益创投、公益营销等方式，推动和规范社区、社会组织、专业社工"三社联动"运行机制，引导各类社会组织、专业社工机构开展公益事业服务，互补共促，形成合力。建立志愿者服务队伍，充分发挥"新乡贤"的模范带头作用，动员党员、团员、机关企事业单位职工、律师、教师、医生、青少年学生、离退休人员等加入社区志愿服务队伍，开展城乡社区互助活动和志愿者服务。

万安县根据社区区域特色、人口分布、文化特点、产业优势等，因地制宜、梯次推进，万安县分四种类型打造了具有地域特色和示范效应的农村幸福社区，分别是产业兴旺型、文化旅游型、美丽宜居型、乡风文明型社区。目前该项工作做法已作为万安县深化改革重点项目，并在相关期刊中刊登。

# 四、吉安市永新县民政振兴发展现状

## （一）养老服务工作

### 1. 养老机构的改造工作

2018 年，永新县投资 300 余万元，为石桥、才丰两个乡镇敬老院新建院民楼；对怀忠、高桥楼、禾川、象形等乡镇养老院进行了改造提升，大部分养老院在吸纳困难老人的同时，也采取低偿方式吸纳了部分社会上的老人，在一定程度上缓解了养老难的问题。自 2017 年起，通过购买服务的方式，将永新县所有失能困难对象统一安置到县福利中心护理；为更好管理，打造特色，2019 年以才丰乡养老服务中心为试点打造县集中供养失能护理中心，目前供养对象共 15 人。

### 2. 农村居家养老服务工作

在工作理念方面，永新县将居家养老服务工作与农村精神文明建设、基层党建工作相互融合、促进，倡导"党建＋养老"的模式积极推进；在项目建设方面，将居家养老服务点与农村幸福院、农村颐养之家项目整合；在项目运营管理方面，将居家养老服务与农村老年协会建设相结合。每年选定一批基础条件较好的项目点作为示范点，以点带面，重点推进。严格按照"六个一"的试点内容实施建设，即搭建一个服务平台、形成一个筹资渠道、配置一批设施设备、打造一块种养基地、组建一支服务队伍、完善一套管理制度。

### 3. 养老服务平台

2018 年，永新县禾川镇二机社区居家养老服务中心、原行政中心依托江西禾康智慧养老产业有限公司承办与运营，在城区与附近城中村为老年人开展服务，目前已经发放定位与呼叫于一体的老年人手机近 1000 部，开设了平安钟、一键通等服务，并开展了上门为老年人助洁、助餐、助浴、助行等服务。除此之外，永新县还为农村、社区高龄、重病、失能、部分失能以及计划生育特殊困难家庭等行动不便或确有困难的老年人提供有针对性的医疗服务，为老年人提供持续的健康管理服务和医疗服务。并在原行政中心打造了永新县居家和社区养老综合服务中心，目前准备开始运营。

## 4. 其他创新工作

永新县着力打造具有文化特色的农村居家养老中心。永新县是农业大县，农业老龄人口众多，为缓解农村养老产业发展滞后等难题，永新县在充分调研的基础上，选定高市乡洲塘村、莲洲乡光明村等20个点，拟打造各具文化特色的农村居家养老中心，目前已经完成了在中乡石巷村、莲洲乡光明村具有文化特色的农村居家养老中心。

## （二）城乡低保工作

### 1. 制度不断完善

2017年，永新县政府下发了《关于印发永新县2017年城乡低保年审工作实施方案的通知》，2017年4月1日至2017年6月20日，永新县统一开展城乡"低保"年审工作。社保、工商、税务、交警、住房、公积金等部门对城市"低保"对象进行信息比对。2018年，县政府印发了《关于进一步完善和改进最低生活保障工作操作管理的实施方案的通知》，部署各乡镇对低保对象进行重新认定，由挂乡镇的县领导督促抓好落实。各乡镇结合民政局前期摸底调查汇总的疑似错保对象名单，开展有针对性的入户核查、邻里访问，做实低保对象重新认定工作，确保符合条件的群众纳入城乡"低保"保障范围中。进一步提高城乡"低保"对象的精准度。2019年，县政府办公室印发《关于开展2019年城乡"低保"年审工作的通知》，各乡镇通过入户调查、公示、评议等方式，开展农村低保、殡葬信息核对，提高保障对象精准度。

### 2. 城乡"低保"标准

根据每年的省政府民生工程安排方案，2017~2019年，城市"低保"标准由530元/（人·月）提高到640元/（人·月），月人均补差由350元提高到410元，农村"低保"标准由305元/（人·月）提高到385元/（人·月），月人均补差由225元提高到285元，历年的提标提补资金都已全部发放到位。自2015年起，对永新县的农村"低保"常补对象每人每月增发50元救助金。

## （三）社区建设工作

### 1. 社区治理体系

一是以村（社区）党组织和第十届村（居）民委员会换届选举工作为契机，选优配强了社区党组织和社区居委会成员，并依法产生了居务监督委员会等专门职能机构，完善了配套组织及相关制度。二是以"党建＋"为引领，加强社区"两委"建设，进一步发挥社区党组织在社区治理和服务中的领导作用和战斗堡垒作用。鼓励共建帮扶单位派出优秀党员干部担任社区兼职委员。建立社区党建联席会议制度，由社区党组织牵头，社区内各单位和社区居民代表共同参加。社区党建联席会议每半年召开一次，负责向驻社区单位党组织通报情况，沟通信息，交流经验，共同协商解决社区的实际困难，加快文明和谐社区建设步伐。三是按照有利于加强社区管理和服务、有利于居民自治的原则，结合永新县实际情况，对禾川镇中心城区进行了调整，由 13 个社区调整为 10 个社区，使之符合社区规模设置即管辖人口 1000~3000 户（3000~10000 人）的标准，又新增了曲白乡、高市乡、在中乡三个乡镇城镇社区居委会。四是推进了社区"三社联动"工作服务机制，以永新县志愿者协会为龙头，大办培育发展了多个社区类社会组织，并确保了禾川镇中心城区社区新增社会组织不少于 3 个，积极开展各类社区公益活动，形成与党组织、群众自治组织有机衔接的社区服务机制。

### 2. 社区治理水平

一是根据上级精神和按照《县委办公室县政府办公室关于印发〈永新县"人文社区温馨家园"三年提升工程实施意见〉的通知》（永办字〔2017〕170号）要求，明确了社区建设主要任务，规范了社区建设相关内容和工作制度，指导社区开展了诸如事务协商、民主议事、服务受理等各项民主自治工作。二是以"放管服"改革工作为契机，在所有社区推行了"一口式"受理服务模式，在居民办理计生、"低保"、社保、子女就学等各项事务时能一次性给予和答复，使居民避免跑"冤枉"路。三是通过深入学习党的十九大精神和习近平新时代中国特色社会主义思想，培育和践行社会主义核心价值观，大力开展移风易俗，在社区党组织、社区工作人员及红白理事会等社会组织的共同努力下，好人好事不断涌现，殡葬改革顺利推进。四是通过扫黑除恶行动，打击社会上的违法犯罪活动，大力开展平安社区建设，确保城乡社区平安祥和。通过努力，2018 年，禾川镇学背社区由市委、市政府命名为"人文社区　温馨家园"社区，由江西省民政厅命名为 2017~2018 年度江西省"绿色社区　美丽家园"创建活动示范社区。

### 3. 补齐社区治理"短板"

一是因地制宜地落实社区管理和服务用房，禾川镇北门社区由原来的不到 100 平方米的办公用房通过调配方式，目前达到了 300 平方米以上。新建住宅小区按比例配建社区用房也已有意向性方案，碧桂园预留了 300 平方米、滨江盛景预留了 100 平方米、朝阳学府预留了 120 平方米的社区管理和服务用房。二是建立和完善了红白理事会、村（居）民代表议事会等，规范红白喜事操办，村（居）红白理事会要充分发挥"自我教育、自我管理、自我服务"功能，强化实体性运作。全面贯彻"绿色殡葬"理念，大力推行遗体火化制度和农村公益性墓地（骨灰堂）建设，自 2018 年 9 月殡葬改革以来，永新县 24 个乡镇所在地、238 个行政村都至少建设一处农村公益性墓地，遗体火化 943 具，火化率达到 89.13%。三是大力推进社区减负增效，按照上级要求，县委办公室、县政府办公室印发了《关于印发〈社区工作事项清单〉〈社区综合考核评比制度〉〈社区印章使用范围〉的通知》，进一步细化社区工作职责，明晰了权责清单。明确了"下评上"的工作机制，自 2015 年以来，永新县均由社区根据帮扶单位的实际帮扶工作开展情况对县直单位给予年度考评分值。

### 4. 社区治理保障

一是完善了县级层面城乡社区治理工作协调机制，成立了以县委书记为组长的社区建设工作领导小组，明确了各相关职能单位的工作职责。二是根据《县委办公室县政府办公室关于印发〈永新县"人文社区温馨家园"三年提升工程实施意见〉的通知》《中共永新县委办公室关于印发〈永新县加强城市基层党建工作实施方案〉的通知》要求，改革出台了社区干部工作报酬管理和激励保障办法，不断增加了社区工作经费投入并形成动态调整和正常增长机制，永新县中心城区社区干部薪酬基本达到上级要求，社区工作经费在 10 万元以上。三是对标城市基层党建和"人文社区　温馨家园"创建提升工作要求，全面推进社区共建、共治、共享，建立了县委、县政府主要领导带头，县级领导干部挂点、所有县直单位帮扶社区的工作机制，出台了《县委办公室　县政府办公室关于印发〈2018 年永新县中心城区社区共建帮扶工作方案〉的通知》，并将 2018 年"社区挂点帮扶"纳入了县直单位工作考评。县领导和各县直单位工作人员、党员定期到挂点帮扶社区开展人员帮扶、殡葬改革、移风易俗宣传、打扫卫生等各项帮扶工作。四是县委组织部、县民政局牵头组成调研督查组，通过听取汇报、实地检查、召开座谈会等方式，对永新县 28 个城镇社区基层党建工作、"人文社区 温馨家园"三年提升工程、社区治理及共建帮扶等工作调研督查，并召开了社区工作座谈会，推动了社区治理政策落实。

## 五、吉安市泰和县民政振兴发展现状

### （一）社会救助工作

截至 2016 年底，泰和县共有城市"低保"对象 3266 户共 5580 人，其中常补对象 404 户共 459 人；农村"低保"对象 13250 户共 20694 人，其中常补对象 1618 户共 2113 人。共发放城市"低保"金 2027.86 万元、农村"低保"金 4781.93 万元。继续实施特殊困难群众免费救治，2016 年资助患尿毒症困难群众免费血透析 14755 人次共 98.91 万元；重性精神病患者住院免费救助 270 人次共 39.19 万余元；门诊免费救助 1115 人次共 18.02 万元。

### （二）拥军优属和优抚安置工作

#### 1. 优抚政策

2016 年 10 月，各类优抚对象抚恤补助标准提标，烈属、因公牺牲军人遗属、病故军人遗属抚恤补助实行城乡一体化。2016 年新增优抚对象 218 人，共发放各类优抚抚恤补助 12182 人次，发放金额 15139712 元。累计为 1~6 级残疾军人报销门诊医药费 130 人次，报销金额为 601867 元。按照泰和县 2015 年度城镇居民人均可支配收入的 40% 的标准发放义务兵家庭优待金 443 人共 4248686 元。

#### 2. 安置退役士官（兵）

2016 年，泰和县接收秋季退役士兵 95 人，接收冬季退役士兵 50 人。报送 70 余人参加南昌、九江、吉安、赣州等职业技术学校进行免费技能培训。发放 2015 年退役士兵自主就业一次性经济补助 157 人共 2618500 元；发放

2016年度15名转业士官生活补助共105600元。对2015年度12名转业士官进行岗位安置。

### （三）社会救助和"两院"建设工作

#### 1. 社会救助的概况

2016年，泰和县委、县政府将社会救助工作纳入目标管理考核内容。加强社会救助对象动态管理，做到应保尽保，应退尽退，精准救助。提高城乡"低保""五保"供养、精简退职救济对象等救助标准，实行"一门受理"，进一步提高救助效率。社会救助资金专户管理，均实行社会化发放。城乡低保金按月发放，农村"低保金""五保供养金"和城乡医疗救助通过"惠农一卡通"发放，未发生挤占、挪用等违纪违法现象。

泰和县有敬老院17所、福利院1所。2016年完善上圯、小龙、桥头、万合镇樟塘、南溪、沙村等乡镇敬老院建设，实施碧溪镇敬老院整体搬迁和中龙乡、螺溪镇敬老院改造提升工程。农村"五保"供养对象2307人，其中集中供养1938人、分散供养369人，集中供养率达84%。2016年共发放农村五保供养资金973.2万元。2016年泰和县全面落实孤儿基本生活补助184人共716400元。

#### 2. 城乡社会救助

2016年1月，泰和县城市、农村"低保"标准分别提高到480元/（人·月）、270元/（人·月），人均月补差分别为322.57元、196.57元；农村"五保"集中供养、分散供养标准分别由305元/（人·月）、260元/（人·月）提高到365元/（人·月）、290元/（人·月）；城市、农村精简退职救济对象标准分别由335元/（人·月）、295元/（人·月）提高到365元/（人·月）、325元/（人·月）。2016年发放城市精简退职救济对象29人共89790元、农村精简退职救济对象107人共419250元（澄江镇标准略高于其他乡镇）。

#### 3. "低保"对象

泰和县严把"低保"对象进入关。全面实行城乡"低保"村（居）、乡镇、县"三级联审"制度，以听证会形式，公开票决。2016年泰和县"三级联审"城乡"低保"申报对象2355户共3340人，其中通过2220户共3033人，135

户共 307 人未通过听证会投票（泰和县 2011 年起实行低保听证会制度）。敞开低保对象出口。2016 年 4 月，开展城乡"低保"年审。通过年审，共取消城市"低保"对象 62 户共 127 人，取消农村"低保"对象 372 户共 647 人。2016 年，与县社保、房产、车管、地税、公积金等单位加强沟通，共核对出购房、车辆、社保等相差信息 221 人次，对不符合社会救助条件的对象及时取消。乡镇、村（居）委会干部对获得"低保"情况实行承诺，家庭人员状况及收入情况均详细备案，截至 2016 年底，泰和县村（居）干部及其亲属获得"低保"待遇 204 户共 351 人。

### 4. 医疗救助

泰和县简化医疗救助审批程序，开展城市医疗救助网上直补，完善网上结算对象信息核对。2016 年城乡医疗救助同步结算 7432 人次，救助金额 614.65 万元，其中网上直补救助 1055 人次，救助金额 101.37 万元。2016 年救助城乡医疗 23494 人次，发放救助资金 1046 万元；资助参合 20130 人，资助参合资金 3247680 元。

### 5. 特别救助

2016 年，县政府印发《关于泰和县特别救助制度实施细则的通知》，实行救助对象申报与主动救急救难相结合，重点救助遭遇突发事件、意外伤害、重大疾病或其他特殊情况导致基本生活陷入困境的家庭，发挥"兜底"作用。2016 年救助因病、因学、因灾造成生活困难的家庭 487 户，发放临时救助金 188.15 万元，其中救急困难家庭 29 户共 13.1 万元，特别救助对象 12 户，发放资金 32.5 万元。

### 6. 社会救助"一门受理"工作

根据吉安市民政局《关于印发做好社会救助统一受理工作的通知》文件精神，县民政局统一制作《社会救助统一受理窗口工作流程》《社会救助统一受理窗口工作人员职责》宣传牌下发至各乡镇。各乡镇纷纷建立社会救助受理窗口，杜绝"求助无门"的现象发生。泰和县救助管理站按照自愿求助、无偿救助、主动救助的原则，2016 年共救助流浪乞讨人员 1499 人次，发放救助金 25 万余元，成功为 5 名流浪精神病人受助对象查找到家庭地址和亲属。

## （四）救灾救济与慈善福利工作

### 1. 基本概况

2016 年，泰和县各行政村配齐灾害信息员共 322 名，分期分批完成业务培训。建立网络报灾平台，加强与县气象部门协调，通过手机短信向乡村灾害信息员和管理人员免费发布自然灾害预警信息。县政府采购一批价值 20 万元的救灾物资，其中棉花被、棉布被套、线毯、春秋衣裤各 650 床（套），棉大衣 100 件。2016 年发放中央冬春救助资金 420 万元、救灾资金 30 万元。澄江镇文田、中山、澄江社区，马市镇蜀口村被评为市级"减灾示范区"。

### 2. 福利彩票

2016 年泰和县新增投注站 7 个，整改和劝退低销量站点 4 个，辖区内投注站达 35 个，2016 年达标星级站点共 10 个，占比 28.6%，其中五星级站点 3 个、四星级站点 2 个、三星级站点 5 个，单个站点电脑票销量首次突破 300 万元大关。2016 年累计销售 2517.11 万元，较 2015 年增幅 11%，其中电脑票销售 1469.54 万元，中福在线销售 980 万元，即开票站点常规销售 68 万元。

## （五）社会事务和老龄工作

### 1. 基本概况

2016 年，泰和县民政局共出具收养登记证 4 份。办理结婚登记 3715 对（其中初婚 3117 对）、离婚登记 787 对、补领婚姻登记 1493 对。截至 2016 年底，泰和县共有 80 周岁以上老人 9390 人，其中 80~89 岁 8314 人，90~99 岁 1069 人，100 岁以上 7 人。执行 80 周岁以上老人高龄补贴制度，80~89 岁老人每人每月发放 50 元，90~99 岁老人每人每月发放 100 元，100 岁以上老人每人每月发放 500 元，2016 年共发放高龄补贴 609.57 万元。

### 2. 规范民间组织管理

自 2016 年 8 月 30 日起，泰和县社会团体、民办非企业法人证开始统一使用信用代码，录入国家民政部数字民政系统备案。2016 年，完成 2015 年社会组织年检工作，前三季度登记社会团体 3 家，民办非企业单位 3 家，社会团体法人变更 1 家。截至 2016 年底，泰和县共有社会团体 38 家，民办非企业单位 14 家。泰和县"青年志愿协会""个体私营经济协会""道路运输协会"被评为"优秀社会团体"。

### 3. 农村公益性墓地建设工作

对 2013 年以来新建的农村公益性墓地（含骨灰堂）建设项目检查验收，泰和县共有 9 处农村公益性墓地（含骨灰堂）建设项目符合验收标准。对验收合格的 9 处建设项目下拨建设奖补资金共 54 万元。2016 年泰和县部分民政保障项目实施情况如表 6-1 所示。

表 6-1　2016 年泰和县部分民政保障项目实施情况

单位：人、人次、元

| 项目 | 城乡最低生活保障 | | | | 城乡医疗救助 | | "五保"供养 | | 优抚金 | | 孤儿生活保障 | |
| --- | --- | --- | --- | --- | --- | --- | --- | --- | --- | --- | --- | --- |
| | 城市居民 | | 农村居民 | | 对象 | 金额 | 对象 | 金额 | 对象 | 金额 | 对象 | 金额 |
| | 对象 | 金额 | 对象 | 金额 | | | | | | | | |
| 合计 | 5633 | 22094609 | 20694 | 47804460 | 29385 | 13500530 | 1178 | 4418355 | 3191 | 15143272 | 184 | 716400 |
| 澄江 | 3775 | 14736960 | 2014 | 4646295 | 5218 | 2685665 | 82 | 322410 | 350 | 2657157 | 56 | 442798 |
| 碧溪 | 16 | 66980 | 709 | 1820790 | 1283 | 275244 | 25 | 90255 | 76 | 312942 | 7 | 8820 |
| 桥头 | 30 | 135895 | 607 | 1327875 | 342 | 226853 | 21 | 89460 | 60 | 257783 | 4 | 5040 |
| 禾市 | 75 | 319700 | 993 | 2315070 | 1837 | 854648 | 116 | 425685 | 157 | 617382 | 12 | 13020 |
| 螺溪 | 61 | 254800 | 1571 | 3789885 | 2166 | 879080 | 104 | 297930 | 176 | 835137 | 8 | 7875 |
| 苏溪 | 68 | 257406 | 914 | 2023500 | 1420 | 445968 | 41 | 145920 | 106 | 413265 | 6 | 7560 |
| 马市 | 144 | 538208 | 1588 | 3897090 | 1644 | 948945 | 48 | 185910 | 207 | 827017 | 16 | 40320 |
| 沿溪 | 108 | 407468 | 1043 | 2509935 | 807 | 512238 | 31 | 128370 | 97 | 364625 | 5 | 27720 |
| 塘洲 | 151 | 593796 | 1375 | 3206325 | 2310 | 1041022 | 73 | 271605 | 169 | 677833 | 2 | 2520 |
| 冠朝 | 80 | 323583 | 822 | 1885680 | 1460 | 686763 | 49 | 201615 | 178 | 849831 | 16 | 16800 |
| 沙村 | 61 | 252874 | 532 | 1149240 | 908 | 334796 | 57 | 207255 | 100 | 507579 | 4 | 3990 |
| 老营盘 | 7 | 26460 | 255 | 624690 | 231 | 110492 | 29 | 124830 | 84 | 357230 | 3 | 21812 |
| 小龙 | 237 | 63360 | 167 | 395790 | 461 | 175968 | 11 | 38400 | 70 | 355427 | 4 | 12180 |
| 灌溪 | 36 | 141885 | 1087 | 2473440 | 1672 | 618986 | 42 | 187230 | 220 | 978581 | 1 | 1260 |
| 苑前 | 65 | 254860 | 1375 | 2944560 | 1148 | 651493 | 45 | 170625 | 258 | 1218350 | 1 | 1260 |

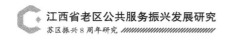

续表

| 项目 | 城乡最低生活保障 | | | | 城乡医疗救助 | | "五保"供养 | | 优抚金 | | 孤儿生活保障 | |
| | 城市居民 | | 农村居民 | | | | | | | | | |
| | 对象 | 金额 | 对象 | 金额 | 对象 | 金额 | 对象 | 金额 | 对象 | 金额 | 对象 | 金额 |
|---|---|---|---|---|---|---|---|---|---|---|---|---|
| 万合 | 124 | 507559 | 2318 | 5327490 | 2451 | 1061462 | 110 | 408435 | 409 | 1770319 | 13 | 35490 |
| 石山 | 19 | 62128 | 705 | 1580850 | 788 | 502557 | 92 | 333465 | 68 | 227190 | 4 | 5040 |
| 南溪 | 8 | 38290 | 633 | 1460670 | 840 | 418570 | 57 | 217065 | 70 | 289575 | 11 | 33075 |
| 上模 | 25 | 104720 | 478 | 1134585 | 326 | 234831 | 37 | 144180 | 81 | 403591 | 4 | 12180 |
| 水槎 | 6 | 25105 | 678 | 1395630 | 1007 | 332091 | 37 | 147915 | 66 | 279727 | 3 | 3780 |
| 上圯 | 12 | 43728 | 491 | ·1108035 | 458 | 220440 | 44 | 176295 | 82 | 414613 | 5 | 6300 |
| 中龙 | 14 | 64848 | 339 | 787035 | 447 | 158954 | 27 | 103500 | 107 | 528118 | 6 | 7560 |
| 泰垦 | 194 | 739227 | — | — | 47 | 38070 | — | — | — | — | — | — |
| 武垦 | 154 | 573226 | — | — | 39 | 28954 | — | — | — | — | — | — |
| 航运公司 | 148 | 543601 | — | — | 40 | 27821 | — | — | — | — | — | — |
| 小龙矿区 | 15 | 1017942 | — | — | 35 | 28619 | — | — | — | — | — | — |

资料来源:《江西省统计年鉴》。

# 第七章

## 江西省老区水利振兴发展

## 第一节　水利概述

### 一、历史记载

"水利"一词最早见于战国末期问世的《吕氏春秋》中的《孝行览·慎人》篇，但它所讲的"取水利"系指捕鱼之利。

西汉史学家司马迁《史记》中的《河渠书》，是中国第一部水利通史。该书记述了从禹治水到汉武帝黄河瓠子堵口这一历史时期内一系列治河防洪、开渠通航和引水灌溉的史实，并指出"自是之后，用事者争言水利"。从此，"水利"一词就具有防洪、灌溉、航运等除害兴利的含义。

现代由于社会经济技术不断发展，水利的内涵也在不断充实扩大。1933年，中国水利工程学会第三届年会的决议中就曾明确指出："水利范围应包括防洪、排水、灌溉、水力、水道、给水、污渠、港工八种工程在内。"其中的"水力"指水能利用，"污渠"指城镇排水。进入20世纪后半叶，水利中又增加了水土保持、水资源保护、环境水利和水利渔业等新内容，水利的含义更加广泛。

因此，"水利"一词可以概括为：人类社会为了生存和发展的需要，采取各种措施，对自然界的水和水域进行控制和调配，以防治水旱灾害，开发利用和保护水资源。研究这类活动及其对象的技术理论和方法的知识体系称为水利科学。用于控制和调配自然界的地表水和地下水，以达到除害兴利目的而修建的工程称为水利工程。

## 二、水利的作用

水是一切生命的源泉，是人类生活和生产活动中必不可少的物质。在人类社会的生存和发展中，需要不断地适应、利用、改造和保护水环境。水利事业随着社会生产力的发展而不断发展，并成为人类社会文明和经济发展的重要支柱。

原始社会生产力低下，人类没有改变自然环境的能力。人们逐水草而居，择丘陵而处，靠渔猎、采集和游牧为生，对自然界的水只能趋利避害，消极适应。进入奴隶社会和封建社会后，随着铁器工具的发展，人类在江河两岸发展农业，建设村庄和城镇，遂产生了防洪、排涝、灌溉、航运和城镇供水的需要，从而开创和发展了水利事业。

## 三、水利的发展

18 世纪开始的工业革命，带来了科学和技术的发展。一些国家开始进入以工业生产为主的时代。水文学、水力学、应用力学等基础学科的长足进步，各种新型建筑材料、设备、技术，如水泥、钢材、动力机械、电气设备和爆破技术等的发明和应用，使人类改造自然的能力大为提高。而人口的大量增长，城市的迅速发展，也对水利提出了新的要求。19 世纪末，人类开始建造水电站和大型水库以及综合利用的水利枢纽，水利建设向着大规模、高速度和多目标开发的方向发展。

水利工程曾包括在土木工程学科之内，与道路、桥梁、公用民用建筑并列。水利工程具有下列特点：水工建筑物受水作用，工作条件复杂；施工难度大；各地的水文、气象、地形、地质等自然条件有差异，水文、气象状况存在或然性，因此大型水利工程的设计总是各有特点，难以划一；大型水利工程投资大、工期较长，对社会、经济和环境有很大影响，既可有显著效益，但若严重失误或失事，又会造成巨大的损失或灾害。由于水利工程具有自身的特点，以及社会各部门对水利事业日益提出更多和更高的要求，促使水利学科在 20 世纪上半叶逐渐形成为独立的科学。

# 第二节   赣州市与典型县（市）水利振兴发展

赣州水资源丰沛，全市多年平均降水量 1601 毫米，丰富的水利资源对赣州市国民经济和社会发展发挥了重要作用，但同时降水时空分布不均、水旱灾害多发。为兴水利除水害，经过历年的建设，全市基本形成了较为完善的防洪、治涝、灌溉、供水、发电、水土保持等水利工程体系，共建成堤防总长 1702.17 千米；各类水库 1025 座，总库容 36.79 亿立方米；水电站 1209 座，装机 94.7 万千瓦；规模以上水闸 1.1 万座，泵站 2 万座，地下水取水井 155 万眼；城乡集中供水工程 1.88 万处，受益人口 426.17 万人；大、中型灌区 39 处，小型灌区 4.9 万处，总灌溉面积 391.92 万亩，除涝面积 589 万亩。抓好水利工程管理体制改革，全力推进 41 个水利工程标准化管理试点，目前已全部通过考核验收。结合高效节水灌溉工程建设，在 18 个县（市、区）稳步推进农业水价综合改革，细化分解到 29 处灌区、基地，有序推进配套计量设施、明确水权主体、建立水价形成机制等工作，2018 年完成农业水价综合改革面积 5.4 万亩，有效促进节水减排增效。

## 一、赣州市"十二五"期间水利发展主要成就

"十二五"期间，在赣州市委、市政府的有力领导下，在水利部、省水利厅的大力支持和全社会的共同努力下，赣州市水利改革发展取得了重大进展，治水兴水进入一个新的阶段。五年来，全市水利投资再创新高，水利基础设施建设全面加快，水利管理进一步强化，水利改革全面推进，圆满完成了规划确定的主要目标和任务，为保障全市经济社会可持续快速发展、促进绿色崛起做出了较大贡献。

### （一）防汛抗旱减灾能力

赣州市在"十二五"期间实施了 81 个中小河流治理项目，累计完成河道整治 315.63 千米，新建防洪堤长 364.37 千米，岸坡整治 86.18 千米，保护人

口 84.1 万人，保护农田 14.2 万亩；实施了五河治理防洪工程建设，新建成防洪堤堤线长度 47.369 千米；完成 787 座病险水库除险加固，全市小型水库基本除险摘帽；实施了章江水闸病险水闸除险加固、定南县中小河流重点县水系连通工程建设。五年来，有效应对 56 次暴雨洪水和伏秋干旱，防洪减灾效益累计 16.86 亿元，连续多年全面实现防汛保安"五个确保"的目标。

### （二）民生水利

赣州市在"十二五"期间建设农村饮水安全工程 429 个，解决了 296.74 万人的农村饮水安全问题，提前超额完成"十二五"规划建设任务。扎实推进农田水利基础设施建设，实施了 17 个县（市、区）小农水重点县（项目县）建设任务，累计完成投资 19.11 亿元，实施了章江、长龙、长冈、下栏灌区续建配套与节水改造工程，以及龙南、安远、信丰规模化节水灌溉增效示范项目。五年来，赣州市农田水利项目累计完成投资 23.33 亿元，改善灌溉面积 153.75 万亩，发展高效节水灌溉面积 21.841 万亩，整治山塘 1529 处。

### （三）水资源管理和水生态建设

落实最严格的水资源管理制度"三条红线"基础工作，积极推进赣州水生态文明建设，加强东江源区生态环境保护；加大水土流失综合治理力度，综合治理水土流失 4189.2 平方千米。支持启动省级水生态文明试点建设；2015 年最新水资源质量检测数据显示，赣州市江河水库水功能区达标率为 93%，赣州市界河断面水质达标率 96.4%；赣州市供水水源地水质全部达标，其中Ⅰ类、Ⅱ类水占评价水源地的 70.8%，水生态环境趋于好转。近年来，赣州市平均用水量约 31.9 亿立方米，呈总体下降趋势。加大城市饮用水水源地保护力度和水库水环境整治力度，完成了陡水湖、南河湖区域水上餐馆上岸工作，全面清理饮用水源库区小（二）型及以上水库网箱养鱼和肥水养鱼 40 座，完成率达 100%；清理非饮用水源库区肥水养鱼 556 座，完成率达 100%。新建寻乌太湖中型水库，兴国塘澄、寻乌黄坑、宁都好支桥、安远艾坝、嘛斜等小型水库，水资源配置能力得以提升。加大对涉水违法行为的查处和打击力度，仅 2015 年开展执法巡查 1015 次，处理水事纠纷 93 起。

### （四）水能资源开发利用

截至 2015 年底，赣州市已建成单站装机 5 万千瓦及以下的小水电站 1209

座，总装机 94.7 万千瓦，年发电量 25.1 亿千瓦时。"十二五"期间已完成 72 座农村水电增效扩容改造项目，安远、崇义、定南、兴国、会昌、上犹 6 个县实施了全国新农村电气化县的建设。实施定南金湾水电站、崇义华山水电站、全南县陂头镇安石坑水电站等小水电代燃料项目。

## （五）水利改革

赣州市积极推进小型水利工程管理体制改革，江西省级试点县兴国全面完成改革任务，并通过最终验收，曾多次在江西省水利建设视频调度会上做典型发言，其经验做法在赣州市推广；市级试点县宁都、安远及其他县（区）全部完成了试点乡镇改革任务。努力拓宽投融资渠道，鼓励和引导社会资本参与水利工程建设和运营。积极加强与国家开发银行、中国农业发展银行等金融机构合作，争取水利专项建设基金、水利建设 PSL 贷款等项目，争取社会资本投入，开展水利 PPP 模式项目实施。寻乌县政府出售太湖水库的特许经营权引进社会资本，组建省内水利行业首个 PPP 项目公司，有效解决了太湖水库建设市县资金缺口问题，为解决水利工程建设"钱从哪里来"提供了有益探索。市委办公厅、市政府办公厅出台《赣州市实施"河长制"管理工作方案》，全面启动全市实施"河长制"工作，明确了濂江和东江为"河长制"市级试点河流、寻乌县为市级试点县，并公示了市级 12 条河流的"河长"名单。宁都县农业水价综合试点改革已通过省级验收和水利部复检验收。

## （六）行业管理

防汛抗旱服务体系更加健全，赣州市 283 个乡镇均设立了防汛抗旱指挥部，所有小型水库聘请 1137 名安全管理员。进一步完善赣州市 18 个县（市、区）山洪灾害预警系统建设，完成赣州市防汛抗旱决策支持系统和会商系统建设。依法行政能力不断增强，进一步简政放权，规范行政审批程序。加强河道采砂管理、河道及涉水事务管理等，水行政执法不断加强，水事秩序明显好转。建立健全安全生产监督管理，水利安全生产隐患治理得到加强。人才队伍建设不断加强，人才总量和结构有所改善。水利科研力度加大，水利信息化水平不断提高。

## （七）水利投入保障能力

在 2011 年一系列政策支持推动下，赣州市不断加快水利改革发展，推进建立水利投入稳定增长机制，落实土地出让收益10%用于农田水利建设等政策，争取中央、省级水利投入大幅增加，市县配套水利投入不断增大，投资渠道不断拓宽，有力保障"十二五"水利项目建设实施。"十二五"期间，全市累计争取部、省级水利投资70亿元，年均投资14亿元，是"十一五"期间水利投资的4.1倍，水利投入保障能力全面提升赣州市"十二五"规划主要目标指标完成情况如表7-1所示。

### 表7-1 "十二五"规划主要目标指标完成情况

| 序号 | 水利发展目标指标 | 规划目标 | 完成情况 | 备注 |
|------|-----------------|---------|---------|------|
| 1 | 解决农村饮水安全人口（万人） | — | 296.74 | 其中农村学校师生49.3万人 |
| 2 | 洪涝灾害年均损失率（%） | — | 0.55 | — |
| 3 | 干旱灾害年均损失率（%） | — | 0.45 | — |
| 4 | 新增供水能力（亿立方米） | 37 | 36.26 | — |
| 5 | 新增及恢复农田有效灌溉面积（万亩） | 80 | 48.36 | — |
| 6 | 新增高效节水灌溉面积（万亩） | — | 7.02 | — |
| 7 | 农田灌溉水有效利用系数 | 0.55 | 0.478 | — |
| 8 | 新增水土流失治理面积（平方千米） | 4200 | 4189.2 | — |
| 9 | 万元工业增加值用水量（立方米） | < 120 | 61 | — |
| 10 | 新增农村水电装机容量（万千瓦） | 13 | 13.38 | — |
| 11 | 重要江河湖泊水功能区主要水质指标达标率（%） | 93 | 93 | — |

资料来源：《赣州市统计年鉴》。

## 二、赣州市水利事业发展存在的主要困难和问题

### （一）水利任务重、压力较大

由于历史欠账多，赣州市各地水利发展基础仍较薄弱，加上地方财力不足，水利工程配套资金、地方公益性水利工程维养经费等难以足额到位。同时，农饮安全标准宣传不到位，部分干部群众掌握不全、要求偏高，对水利项目的满意度不高。

## （二）部分水利项目进度滞后

一是防洪工程进展较慢。部分中小河流治理、五河治理防洪工程因前期工作耗时长、地方配套资金筹措难、征地拆迁难、建设审批时间长、涉农资金整合等原因造成进度滞后，部分工程还未开工。二是应急备用水源建设较慢。赣州市仍有12个县级城市缺少应急备用水源。特别是信丰县、龙南市、于都县应急备用水源需新建水库，资金需求大、工期长、任务重。

## （三）水环境水生态问题局部存在

一是部分水功能区不达标。定南县下历水定南工业用水区和定南水下历水定南保留区2个水功能区水质仍不达标，主要超标项目为氨氮。二是部分入河排污口问题整改未完成。赣州师范高等专科学校排污口和赣南师范学院排污口，因截污干管还在建设，暂未并入污水管网。三是小水电问题整改存在较大资金压力。赣州市列入拆除计划（含报废、停运）的水电站有49座，均涉及经济补偿问题；289座小水电站所在的170条流域要进行流域规划环境影响评价；暂定保留的1172座水电站要安装生态流量计量装置和实现在线监测，整改费用高，筹资困难，地方财政压力较大。

## （四）部分水利工程重建轻管

部分水利工程尤其是小微型农饮工程，建设单价偏低，建成后没有管护资金来源，缺乏规范管理甚至无人管理，导致工程老化失修、管网损毁率高，基础工程不完善、供水能力脆弱，水质水量保证率不高，出现了水质不达标、雨天浑浊、水压水量不足等问题。

## （五）河湖管理能力较薄弱

一是河流管理综合执法有待加强。赣州市河流众多，采砂点多面广，多部门综合或联合执法力度还有待进一步加强。二是水行政执法能力有待提升。基层水行政执法人员偏少、监管力量薄弱，河道采砂监管有时不能及时到位，部分河段非法采砂偶有发生。

# 三、龙南市水利事业振兴发展现状

## （一）龙南市农村饮水安全工程建设

截至 2014 年底，龙南市提前一年完成了"十二五"规划内 11.79 万人、投资 0.5895 亿元的农村饮水安全工程建设任务，解决不安全饮水人口及投入资金均超过《若干意见》出台前的 7 年总和。2015 年，在全面完成"十二五"规划的基础上，农村饮水安全工程建设全面进入提速、提质、提效的新发展时期，2015~2018 年先后实施了黄沙、东坑、夹湖、杨村等农饮巩固提升工程，农村集中供水率、自来水普及率和供水保证率进一步提高。

## （二）龙南市水利基础设施建设

防洪工程建设加快，龙南市实施完成了市新都、市大罗、市杨溪、杨村镇圩镇、东江乡圩镇 5 个中小河流治理项目，累计新建堤防 28 千米，治理河长 41 千米，临塘乡黄坡防洪工程已完成主体工程、里仁镇栗园防洪工程已开工建设；实施完成了龙南市一期、二期、三期、四期、程龙圩镇、五期 1 标 6 个五河治理防洪工程建设，新建堤防 16.5 千米，治理河长 13 千米。实施了 20 座病险水库除险加固；农田灌溉设施进一步改善，实施了第二批、第五批小农水建设任务及 2016 年、2017 年小型农田水利项目建设；作为江西省 3 个试点县[①]之一实施了 2013~2015 年度规模化节水灌溉示范增效项目，新增果林高效节水灌溉面积 3 万亩。

## （三）龙南市防汛抗旱减灾工作

龙南市建立了防汛抗旱指挥和信息平台，完善了山洪灾害防御系统。完善和修订了山洪灾害防御预案，编制了乡镇山洪灾害防御预警预案。同时，所有乡镇组建了防汛抗旱指挥机构，建立和完善了小型水库安全管理员巡查制度、山洪地质灾害联户防范责任制、流域水库群洪水联合调度等一系列防汛工作机制。加强了应急抢险队伍建设和物资储备。自 2012 年以来，有效应对多次致灾性暴雨洪水和伏秋干旱，连续多年全面实现防汛抗灾"五个确保"的目标。

---

① 2020 年 6 月，国务院批复江西省调整赣州市部分行政区划，同意撤销龙南县，设立龙南市，龙南市由江西省直辖，赣州市代管。

### （四）龙南市水资源管理和水生态治理保护工作

龙南市落实最严格的水资源管理制度"三条红线"基础工作，积极配合完成了《赣州市地表水功能区划》《赣州市水量分配细化方案》《赣州市地下水利用与保护规划报告》《赣州市水功能区限制纳污总量意见》编制工作。开展节水灌溉、水库水环境治理等措施，加强水生态治理和保护。供水水源地水质全部优于Ⅲ类水，水生态环境趋于好转。推进水生态文明建设，完成了里仁镇正桂村等3个村的水生态文明村创建工作。

### （五）龙南市基层水利服务体系

龙南市推行了乡镇水务站标准化建设，加强了农村用水合作组织建设，全市组建农民用水户协会106个，管理农田面积约8万亩。聘请了47名小型水库安全管理员，负责小型水库巡查、日常维护、报告汛情等。逐渐构建完善了以乡镇水务站为主导，农民用水户协会为主体，基层水利专业化队伍为支撑，基层水利工程管理机构为补充的基层水利服务体系基本框架。

## 第三节　抚州市与典型县（市）水利振兴发展

抚州市有抚河、赣江、信江三大水系，大小河流470条。水流方向除赣江支流乌江外，均由南向北汇入鄱阳湖。①抚河水系。抚河古称旴江，又名汝水，贯穿抚州市中南部，是流入鄱阳湖区主要支流之一，为江西省仅次于赣江的第二大河流。抚河干流总长312千米，流径境内长271千米，多年平均径流量为78.9亿立方米，流域面积为16800平方千米。抚河主要支流有临水、旴江、黎滩河、东乡水。②赣江水系。抚州市内赣江水系主要河流在乐安县境内，流域面积为1422平方千米，有青田水、南村水、敖溪水、潭港水、招携水、牛田水、湖坪水、柯树水。③信江水系。抚州市内信江水系河流分布在东乡区、金溪县、资溪县，流域面积为1560平方千米，有泸溪水、黄通水、肠田水。此外，还有直接流入鄱阳湖的润溪河，其发源于东乡县北部愉怡乡眉毛尖，全长21千米，市内流域面积为116.2平方千米。

截至 2017 年 8 月，抚州水资源总量达 232.97 亿立方米。地表水资源来自降水，抚州市多年年平均降水量在 1700 毫米左右，资溪县年平均降水量最大，为 1900 毫米，临川区年平均降水量最小，为 1600 毫米。降水部分为植物、土壤和地表水蒸发所消耗，部分形成径流。抚州市地表水资源为 181.11 亿立方米，人均占有水量 6300 立方米左右。

# 一、抚州市水利振兴发展现状

## （一）水利基础设施建设

截至 2018 年，抚州市完成五河治理项目 5 个，综合整治河道长度 45.06 千米，完成投资 17715.38 万元（争取中央资金 8568 万元），使区域内人口 16.2 万人、农田 10.35 万亩免受洪灾危害；3 个项目正在实施，完成投资 300 万元，形象进度 20%；7 个项目正在进行可研及初步设计，计划于 2019~2020 年实施。完成中小河流治理项目 29 个，综合整治河长达 256.74 千米，完成投资 67786.36 万元（争取中央资金 35814 万元、省级资金 7369 万元），使区域内人口 50.35 万人、农田 33.11 万亩免受洪灾危害；7 个项目正在进行施工，完成投资 4000 万元，形象进度 30%；15 个项目已完成初设报告，已送省水利厅批复。完成 357 座病险水库除险加固，其中中型水库 2 座，小（一）型水库 14 座，小（二）型水库 339 座，完成投资 63035.99 万元（争取中央资金 15739 万元、省级资金 11040 万元），恢复蓄水量 5850 万立方米，恢复灌溉面积 6.6 万亩；新建水库 2 座，崇仁县乐丰水库，完成投资 12925 万元（争取中央资金 5798.8 万元），黎川县德胜惠民水库，完成投资 11854.81 万元；在建 1 座，宜黄县凤冈惠民水库，完成投资 10106.23 万元（争取援建资金 8655.97 万元）；拟建水库 2 座，广昌县甘竹惠民水库，拟投资 7152.79 万元，乐安县龚坊惠民水库，拟投资 9223.44 万元，目前前期工作已完成，正在向国家烟草总局申请项目资金。

## （二）生态环境保护

### 1. 水土流失治理落实情况

近几年来，抚州市高度重视水土流失治理工作，把水土流失治理作为打造绿色产业体系、助推生态文明建设、建设幸福抚州来谋划与推动。坚持做好"治山理水、显山露水"这篇文章，根据辖区内水土流失程度因地制宜布局水土保持项目，水土流失治理水平进一步提升，生态环境进一步好转。

据统计，抚州市向上争取到了国家水土保持重点建设工程、国家农业综合开发水土保持项目、中央预算内投资水土保持项目三大类水土流失综合治理项目，涉及10个项目县，项目资金2.11亿元，其中中央资金1.43亿元，地方资金0.68亿元；实施小流域65条，水土流失治理面积438.26平方千米。

已实施坡改梯518.1公顷、水保林4239.47公顷、经果林5793公顷、种草5.5公顷、谷坊79座、田间道路260千米、沟渠398千米、山塘56座、沉沙池2599口、蓄水池1232口，开挖土石方502万立方米，投工投劳201万工日。

项目实施后，区域水源涵养能力增加5837.8吨/（平方千米·年），保土能力增加283.1吨/（平方千米·年），植被覆盖率提高到66.21%，经果林增收6955.8万元/年，促进特色产业发展面积17000亩。

### 2. 水资源保护落实情况

（1）强化水功能区水质监测力度。2017年投入一百余万元，对47个省划重要江河湖泊水功能区、6个市主城区集中供水水源地，4个跨省、市界河断面开展水质检测，并按时编制发送《抚州市水资源质量月报》和《抚州市城区水资源质量旬报》，定期在《抚州日报》向社会公布水质监测结果。2017年，抚州市47个水功能区水质达标46个，达标率97.87%，抚顺市城区供水水源地水质合格率100%，跨省、市界河水质达标率100%。

（2）开展县级以上饮用水源地达标建设。积极会同市建设局做好县级以上饮用水源地达标建设工作，一方面督促抚州市供水公司对抚北水厂、钟岭水厂、南区水厂、荆公路水厂开展陆域物理隔离防护及宣传警示工程建设，另一方面向各县（区）下发了《关于加快各县（区）饮用水水源地达标建设工作的紧急通知》，要求其按相关技术规范要求完成各县（区）饮用水水源地的界碑、警示牌、隔离防护设施建设。目前抚州市各县级以上饮用水源地正在开展陆域物理隔离防护及宣传警示工程设置工作。

### 3. 流域水环境综合整治落实情况

（1）大力开展入河排污口专项整治。根据省水利厅、市政府统一部署，抚州市水利局大力开展入河排污口专项整治。抚州市36个规模以上入河排污口中，32个已补充完善审批手续，并在入河排污口处设置了标志牌，标明排污单位、限制排放总量、监督电话等，发动全社会力量共同监督，杜绝入河排污口非法排污；崇仁县金安包装新材料有限公司入河排污口、乐安县前坪南环工业园区入河排污口已封停；临川区水利局已向区政府提交报告对抚北工业园区进行入河排污口位置迁移，宜黄县工业园区污水处理入河排污口已封堵。抚州市 80 个规模以下的入河排污口已全部进行了登记。

（2）水库水质污染专项整治持续推进。为切实保障人民群众用水安全，维护水库生态平衡，确保全市水库水质达标，抚州市深入开展水库水质污染专项整治行动，在抚州市检测的 1137 座水库中，1020 座水库水质达到Ⅲ类以上，达标率为 89.7%；40 座饮用水源水库均达到饮用水源水质标准。

### （三）美丽宜居乡村

自 2013 年以来，抚州市顺利实施了原中央苏区农村饮水安全工程、中型灌区节水改造工程，完成总投资 42604.05 万元。

（1）农村饮水安全工程：2013~2017 年共实施了 624 处工程（其中 2013 年 47 处、2014 年 31 处、2015 年 278 处、2016 年 107 处、2017 年 161 处）。工程总投资 36240.29 万元，解决农村不安全饮水人口 72.73 万人，受益人口 12.64 万人。

2013 年共投资 11273.80 万元（其中中央投资 7616.33 万元、地方投资 3657.47 万元），解决农村不安全饮水人口 39.76 万人；2014 年共投资 6333.26 万元（其中中央投资 4401.17 万元、地方投资 1932.09 万元），解决农村不安全饮水人口 15.71 万人；2015 年共投资 9982.35 万元（其中中央投资 6824 万元、地方投资 3158.35 万元），解决农村不安全饮水人口 17.26 万人；2016 年共投资 4380.49 万元（其中中央投资 774 万元、地方投资 3606.49 万元），受益人口 3.49 万人；2017 年共投资 4270.39 万元（其中中央投资 666.44 万元、地方投资 3603.95 万元），受益人口 9.15 万人。

（2）中型灌区节水改造工程：2013~2017 年共实施了 4 处农业综合开发中型灌区节水配套改造工程，工程总投资 6363.76 万元，恢复了灌溉面积 6.94 万亩，改善了灌溉面积 9.36 万亩。

2013 年实施了南丰县农业综合开发节水配套改造项目潭湖水库中型灌区工程，工程总投资 1580.55 万元，项目设计灌溉面积 11.12 万亩，恢复了灌溉面积 3.1 万亩，改善了灌溉面积 3.72 万亩；2015 年实施了崇仁县农业综合开发节水配套改造项目宝水渠灌区工程，工程总投资 1599.87 万元，项目设计灌溉面积 5.1 万亩，恢复了灌溉面积 1.0 万亩，改善了灌溉面积 0.6 万亩；2016 年实施了金溪县农业综合开发节水配套改造项目马芦灌区工程，工程总投资 1605.33 万元，项目设计灌溉面积7.1万亩,恢复了灌溉面积1.0万亩,改善了灌溉面积1.6万亩。

## 二、抚州市广昌县水利振兴发展现状

### (一)农村饮水安全方面

广昌县的农村饮水安全工程建设自2008年度就开始实施,主要建设内容包括:新建、改扩建集水井、拦水坝、过滤池、蓄水池、大口井、深水井、泵房、变频供水设备、管网铺设及安装等。其中2012~2018年,对原已建农饮工程进行巩固提升,新建农饮安全供水工程558处,其中城乡供水一体化供水工程27处。11个乡(镇)129个村及翠雷山垦殖场实现全覆盖,受益总人口17.98万人,完成总投资9000余万元,其中中央资金1900万元。在完成农饮工程建设的同时,做好农村水质的安全检测,建立台账,确保农户饮用水安全。

### (二)水利基础设施建设方面

第一,开展五河治理——广昌县城防洪工程建设。2012~2015年完成县城一、二期防洪堤工程建设,新建和整治盱江县城段河堤长4.34千米,实现堤防保护面积2.8平方千米,保护人口7万人;完成总投资3350万元,其中中央投资1750万元。

第二,加快小型水库除险加固工程的建设。2012~2015年完成13座小型水库的除险加固任务,确保水库防洪保安全的同时,恢复水库兴利库容533.3万立方米,恢复和新增水库灌溉面积5750亩;完成总投资2086万元,其中中央投资1466万元。

第三,实施中小河流治理工程建设。2015~2017年,投入资金2000余万元,完成头陂镇中小河流治理工程建设,综合治理河道长8.5千米,保护农田面积6000亩,保护人口7000人。

第四,继续实施小型农田水利建设。2012~2015年,完成全国第4批小型农田水利重点建设任务,实现乡(镇)灌渠治理长度495.9千米,山塘整治加固45座,新建及改造水陂86座、泵站9处,有效恢复和改善农田灌溉面积10.9万亩。在"五小"水利工程建设方面,广昌县主要为小塘坝、小水陂、小型渠道维修加固,2012~2018年共实施完成110座(处)。

### （三）山洪及地质灾害监测预警预报体系

山洪及地质灾害监测预警预报体系项目自 2010 年开始实施，中央投资 1350 万元，广昌县在小流域建设自动测报雨量站点 46 个，建设水库及主河道自动水位站 12 站，基本建成覆盖广昌县暴雨、部分河段水位的监测预警系统。该项目自建成以来，累计发布预警 100 余次，发送预警信息 4 万余条，实现提前转移人口 1000 余人，避免人员伤亡 200 余人。

### （四）水生态建设和水土保持方面

广昌县地处抚河源头，是国家水土保持重点治理县，项目建设内容以坡改梯、水保林、经果林、封禁及塘坝、谷坊、沟渠等措施为主。2012~2018 年共投入资金 8012.5 万元，其中中央资金 6758.5 万元，省级配套资金 1254 万元；完成小流域综合治理 13 条，流域综合治理面积 201.7 平方千米。近些年，广昌县还实施了驿前姚西、盱江彭田、立新等部分水生态村建设。

## 三、抚州市南城县水利振兴发展现状

### （一）水利概况

南城县拥有大小水利蓄水工程 1675 座（处），其中：大型水库 1 座（洪门水库），中型水库 2 座（麻源水库、徐坊水库），小（一）型水库 18 座，小（二）型水库 97 座，山塘水库 1511 座，窑池 46 处。水库总库容 133816 万立方米，其中：大型水库容量为 121400 万立方米，中型水库容量为 4917 万立方米，小（一）型水库容量为 5031 万立方米，小（二）型水库容量为 2468 万立方米。

水利工程年供水总量为 10400 万立方米，其中：水库工程供水总量为 11466 万立方米、山塘和窑池工程供水总量为 2633 万立方米，河湖引水闸工程供水总量为 2944 万立方米，河湖取水泵站工程供水总量为 2457 万立方米，机电井供水总量为 300 万立方米，其他供水总量为 600 万立方米。南城县已建成水电站 20 座，泵站 248 座，水闸 26 处，机电井 166 处。

南城县堤防长度 77.84 千米，其中：万亩圩堤 3 条（胜利堤、河西联堤、八堡堤），全长 23.71 千米，保护耕地 3.46 万亩，保护人口 3.68 万人；千亩圩堤 3 条（新桥堤、新丰堤、渔良堤），全长 11.14 千米，保护耕地 1.61 万亩，保护人口 1.78 万人。

## （二）水利项目建设情况

自 2012 年以来，南城县开工建设的水利项目主要有新丰街镇防洪工程、彭武水（二期）工程、芦河防洪工程、渔良堤除险加固工程、农村饮水安全工程、小型农田水利建设工程、水土保持小流域综合治理工程。

第一，新丰街镇防洪工程。新丰街镇处抚河右岸，批复总投资 1742.82 万元，综合治理旴江河道长度 3.415 千米，工程建成后，防洪标准达到 10 年一遇，可保护农田面积 2700 多亩，人口 3200 余人。

第二，彭武水（二期）工程，地处旴江上游的丘陵地带，上至上唐镇里堡村，下至旴江入河口，途经上唐镇上唐村、东湖村及太平村、新丰街镇田东村及杨桥村、天井源乡南源村、田螺石村。批复总投资 2087.37 万元，综合治理河长 11.126 千米，工程建成后，防洪标准达到 10 年一遇，可保护人口 0.49 万人，保护耕地 0.58 万亩。

第三，芦河防洪工程，位于南城县沙洲镇境内，批复总投资 2785.94 万元，综合治理芦河主河段 6.9 千米，支流 8.2 千米，工程建成后，防洪标准达到 10 年一遇，可保护人口 1.6 万人，保护耕地 1.1 万亩。

第四，渔良堤除险加固工程，位于南城县里塔镇境内，批复总投资 2870.5 万元，对 8.86 千米渔良堤进行除险加固，工程建成后，防洪标准达到 10 年一遇，可保护人口 0.6 万人，保护耕地 0.5 万亩。

第五，农村饮水安全工程。南城县 2012~2018 年共实施 34 处集中供水工程，并为 11 处学校单独建设集中供水设施。总投资 5914.99 万元，其中中央资金 2538.08 万元，省级资金 1080.04 万元，县级配套资金 2296.87 万元。工程完工通水后，解决了 108863 人和 6274 名师生的安全饮水问题。

第六，小型农田水利建设。南城县 2012~2018 年共实施四个年度小型农田水利建设工程，涉及南城县 12 个乡镇 92 个行政村，累计整治大型灌区 2 个、小型灌区 57 个。工程总投资 11054.2 万元，其中中央资金 4900 万元，省级资金 3400 万元，县级配套资金 1690 万元，群众投工投劳折资 1064.2 万元。工程竣工后供水保证率达到 85%，灌溉水利用系数达到 0.55，累计增加年节水能力 1489.91 万立方米，增加供水能力 3.45 万立方米，新增节水灌溉面积 2.78 万亩，恢复灌溉面积 0.14 万亩，改善灌溉面积 3.72 万亩，新增旱涝保收灌溉面积 3.29 万亩，改善排涝面积 3.6 万亩，增加粮食生产能力 2.43 万吨，受益农民年人均增收 541.48 元。

第七，水土保持小流域综合治理工程。2012~2018 年南城县建设的水土保持小流域项目有厚源、里塔、高桥小流域项目，天井源小流域项目，万坊镇南坑小流域项目，上唐镇塘湾小流域项目，徐家镇排头小流域项目，总投资额1335.66 万元，其中中央投资 970 万元，地方投资 352 万元，民间自筹 13.66 万元。通过为期六年国家农发水保项目及国家水土保持重点工程项目的实施，有效治理水土流失 32.36 平方千米，小流域范围内的农业生产条件得到明显改善，土地利用结构和农村产业结构趋于合理，以油茶、蜜橘、柚子为主导产品的特色产业得到培植和发展，土地产出率达到 52%，商品率明显提高。小流域的水土资源得到有效保护和合理开发利用，农村经济初具规模，农民收入明显增加。减少地面径流，削减洪峰，减少径流挟沙量，从而减轻项目区及其下游洪灾、沙害等自然灾害，降低受害频率，减少受灾面积，减轻灾害损失。降低水土流失强度，控制水土流失危害，改善植物生长的土地条件和气候环境，生态环境得到明显改善，土壤理性化得到明显改善，肥力明显提高，人居环境得到明显改善，年平均保水可达 65.2 万立方米，年平均保土可达 1.76 万吨。

# 第四节  吉安市与典型县（市）水利振兴发展

吉安市境内河流众多，以赣江为中轴，有 30 条大小支流汇入，各河上游植被茂密，山高水陡，水量充盈，水力资源充沛。吉安市境内水系以赣江为主流，赣江在万安县涧田乡良口村入境，纵贯市境中部，流经万安、泰和、青原、吉州、吉水、峡江、新干等县（区），在新干县三湖镇蒋家村出境，境内河段长 264 千米，天然落差 54 米，干流吉安市段流域面积为 26251.7 平方千米，占赣江流域总面积的 32.8%。

## 一、吉安市水利振兴发展现状

### （一）水利发展成绩

#### 1. 水利工程建设工作

自 2012 年以来，吉安市以推进水利改革发展为目标，以水利建设作为改革的重要抓手，为吉安市经济调结构、稳增长、促发展提供水利支撑，共争取上级资金113亿元用于水利工程建设。截至2018年底，吉安市完成的中小河流治理工程共有75条，累计完成投资18.6亿元。五河治理项目20个，完成投资计划9.9亿元。中心城区河西片区已达50年一遇的防洪标准，河东片区达到30年一遇的防洪标准；河南片区达20年一遇的防洪标准。吉安市各县城防洪工程已达20年一遇的防洪标准，乡镇防洪工程达到5~10年的防洪标准。积极推进新建水库前期工作，吉安市纳入国家实施方案的大中型水库有8座，石洞水库已从烟草局争取到资金，正在施工；石林水库、铁镜山水库正在开展前期工作。吉安市登记在册的大中小型水库共计1252座，其中有1132座列入病险水库除险加固项目相关规划，已累计完成投资10.84亿元，完成了1038座病险水库除险加固项目。据不完全统计，水库除险加固后，有效保护人口246.98万人，保护耕地206.15万亩，增加防洪库容2924.3万立方米，增加灌溉面积33.05万亩，恢复和新增灌溉效益8470.6万元，恢复和新增发电量37万千瓦时，恢复和新增发电效益10.6万元，供水人口1.7万人，养殖效益1169.83万元，其他效益40.7万元。吉安市大中型水库已全部建立了水情监测系统，实现了水雨情监测的自动检测，为防汛抗旱科学决策提供了可靠依据。吉安市有17条山洪沟治理项目纳入江西省重点山洪沟名录，其中3条山洪沟开展了治理工作，总投资约3000万元，项目的实施使得项目区居民集中点防洪标准得到提高，河岸抗冲刷能力明显改善，在历次强降雨中项目区洪灾损失明显减轻，得到群众一致好评。

### 2. 供水安全工程

一是加快解决农村饮水安全问题。2012~2018年吉安市共投资10.5亿元用于农村饮水工程建设，建设集中供水工程项目213处，解决农村居民不安全饮水人口185.9万人、学校师生饮水不安全人口15.8万人，基本解决了吉安市农村"饮水难"问题。自来水取代了原先肩挑背扛的取水方式，一半以上的农户购置了洗衣机、太阳能热水器等电器，血吸虫疫区、涉水重病区等饮水安全问题全部得到解决。二是推进大中型灌区节水配套改造项目建设。大型灌区南车灌区续建配套与节水改造工程于2016~2018年共实施三年，共完成批复投资7151万元。改造重点中型灌区节水配套项目20个，完成总投资3.25亿元。经过节水配套改造，大部分重点中型灌区基础设施老损、工程效益衰减问题得到有效缓解，提升了灌区过水、疏浚通水、防渗堵漏能力，新增恢复灌溉面积

23.7 万亩，改善灌溉面积 39.5 万亩，预计每年增产粮食 2781.5 万公斤，充分发挥工程灌溉、供水效益，确保灌区的安全生产和可持续发展。

### 3. 水生态文明建设

吉安市以落实最严格的水资源管理制度为抓手，以水量分配为突破口，对水资源进行综合治理、全面节约、有效保护。大力推进吉泰走廊水生态文明城镇试点建设。扎实推进河长制各项工作，构建组织体系，健全工作框架，完善配套制度，有力推进河长制工作体系。积极开展河长巡河行动，大力推进暗访常态化，彻底解决了一些重点污染和群众举报、网曝问题。积极开展了水库水质治理保护工作。吉安市小（一）型以上水库水质全部达标，小（二）型水库水质达标率达 80%，吉安市水环境得到了全面改善。加强河道采砂管理，规范采砂行为，有效保护了水生态环境。2012~2018 年，吉安市开展了国家水土保持重点建设工程、国家农业综合开发水土保持项目、坡耕地水土流失综合整治工程等一批水保项目，累计投入资金 23619 万元，实施小流域 46 条，完成水土流失治理面积 410 平方千米。

### （二）存在的主要问题

#### 1. 防洪减灾体系尚不完善

流域控制性工程少；重要河湖和重点城市防洪排涝能力不足，山洪防治工程措施进展缓慢；重点涝区排涝能力不足，防洪减灾压力仍然较大。

#### 2. 水利设施建设标准低

小型病险水库除险加固工程补助标准低、存在资金缺口，部分工程未按批复内容实施到位，工程险未得到彻底解决；中心城区及县城防洪工程未完全达到防洪标准；白云山、万安等两座大型灌区续建配套与节水改造工程建设未纳入国家规划；中型水库建设项目未安排上级资金，尚未开工建设；一般中小灌区新建、续建配套及节水改造、中小排涝泵站更新改造等水利工程未纳入国家规划，未安排上级资金建设。

#### 3. 水利设施效益未充分发挥

水利工程规划、设计工作亟待加强，重建设轻管理的现象普遍存在，特别是小型水利工程缺少管护经费和人员，水利经济效益没有得到很好的发挥。

### 4. 水生态安全风险日益加大

吉安市虽然生态环境总体良好，但经济社会发展及极端天气等引起的水生态环境风险仍然存在。河湖调节和自我修复能力下降。城市河湖水环境及农村水环境问题亟待改善。水源地保护总体滞后，水土流失治理任务艰巨。

### 5. 水利投入不足

吉安市经济欠发达、水利欠账多，虽然水利投入逐年增多，但地方财政紧张，配套资金常难以足额落实到位，影响水利快速发展。

## 二、吉安市泰和县水利振兴发展现状

### （一）泰和县水利振兴发展成绩

2012~2018 年，泰和县水利局共实施了五河治理、中小河流治理、农村饮水安全、小型农田水利重点县、大型灌区续建配套与节水改造、抗旱应急水源、中小型病险水库除险加固等一批重点水利工程项目 27 个，总投资达 7.21 亿元，其中中央及省级投资 5.25 亿元，县级配套 1.96 亿元。

（1）五河治理项目 3 个，分别是永昌堤除险加固工程、禾水石山乡段防洪工程、县城赣江上田段防洪工程，共投资 1.2 亿元，共治理河道堤防长 9.77 千米，保护人口 12.1 万人，保护耕地 5.29 万亩，可将赣江防洪标准提高至 30 年一遇，禾水防洪标准提高至 10 年一遇。

（2）中小河流治理项目 6 个，分别是上圯乡防洪工程、苑前镇防洪工程、灌溪镇防洪工程、马市镇防洪工程、冠朝镇防洪工程、苏溪镇防洪工程，共投资 1.26 亿元，共治理河道堤防长 69.03 千米，保护人口 7.1 万人，保护耕地 8.02 万亩，可将工程所建河段防洪标准提高至 10 年一遇。

（3）大型灌区续建配套与节水改造项目 1 个，为南车灌区续建配套与节水改造工程，项目投资约 1 亿元，共新建主干支渠道 34.15 千米，隧洞 1 座，渡槽 5 座，渠系配套建筑物 66 座，倒虹吸 1 座，新增灌溉面积 3.76 万亩。

（4）农村饮水安全项目 2 个，分别是新建上圯水厂及泰和县集中供水巩固提升工程，共投资 0.41 亿元，建成日供水 1.5 万吨上圯水厂一个及一批饮水安全巩固提升工程，解决农村饮水不安全人口 60682 人，改善农村饮水人口 10.41 万人。

（5）小型农田水利重点县项目 5 个，共投资 1.62 亿元，改善灌溉面积 8 万亩，新增恢复灌溉面积 1.2 万亩，年新增节水能力 550 万立方米，新增农业生产能力 0.7 万吨，农田灌溉系数由 0.45 提高至 0.55。

（6）抗旱应急水源项目 9 个，共投资 0.51 亿元，共解决 8.26 万亩基本农田灌溉困难和 1.5 万人饮水困难问题。

（7）中小型病险水库除险加固项目 64 座，共投资 1.2 亿元，新增库容 1.26 万立方米，新增灌溉面积 0.32 万亩。

### （二）泰和县水利振兴发展存在的主要困难

（1）泰和县级财政配套资金压力较大。自 2012 年以来，县级财政用于水利重点项目建设配套资金近 2 亿元，县级财力有限，配套支出压力较大。

（2）项目储备较少。由于争取上级项目资金需完成项目可研、初设、批复等前期工作，而已完成前期工作的项目也不确定能落实到位，因此项目储备不够，数量较少。

## 三、吉安市安福县水利振兴发展现状

### （一）安福县水利事业振兴发展成绩

#### 1. 农村饮水安全工程建设

安福县通过多方努力积极争取中央、省级农饮专项资金累计达 9000 余万元，共新建泰山乡、洲湖镇等 17 座"千吨万人"农村自来水厂，章庄乡、彭坊乡 2 座"百吨千人"农村自来水厂，已运行的农村水厂年供水量达 200 万吨，供水入户约 1.55 万户，覆盖人口约 15 万人，取得了较好的社会民生效益。

#### 2. 水利基础设施建设

（1）水库除险加固、中小河流治理、五河治理防洪工程建设。自 2012 年以来，完成了白门洲、磨下等 1 座小（一）型水库，神坑、黄牛坑等 75 座小（二）型水库除险加固任务，总投资 13600 万元；完成了洲湖水、谷口水、钱山水、泰山水、山庄水、赤谷水等 6 条中小河流治理项目建设，完成总投资 14310 万元，治理河长 94.66 千米；泸水沿岸严田、横龙、县城城区、工业园、黄牛岭、枫田、竹江等主要圩镇防洪堤全部列入建设计划，新建堤防 55.35 千米，总投资 18964 万元。

（2）小型农田水利重点县建设和新增农田水利项目县建设。自 2012 年以来，安福县通过实施小型农田水利重点县建设和新增农田水利项目县建设，共整治渠道 665.72 千米，新建、改造渠系建筑物 26117 处，整治山塘 67 座，改造灌溉面积 10.232 万亩，改善灌溉面积 2.7 万亩，新增和恢复灌溉面积 0.83 万亩，新增旱涝保收高标准农田灌溉面积 6.293 万亩，新增节水 556.13 万立方米，新增粮食生产能力 713.0 万千克，新增经济作物产值 782.45 万元，工程受益 7.348 万人，年增加农民人均纯收入 90.08 元，完成工程批复投资 13340.60 万元。

（3）山塘专项整治建设。2012 年 12 月至 2018 年 12 月，下达专项资金实施的山塘及小农水项目中实施的山塘共 198 座，总库容 1082.62 万立方米，灌溉面积 3.56 万亩。总完成投资 2734.19 万元。2018~2019 年的先建后补山塘整治项目，整治山塘 20 座，总库容 97.03 万立方米，灌溉面积 0.34 万亩，完成投资 286.15 万元。

（4）中型灌区续建配套与节水改造项目建设。自 2012 年以来，共实施了谷口灌区、柘田中型灌区、社上南干灌区（二期）、泸水河北岸灌区 4 个节水配套改造项目。其中，谷口灌区节水配套改造项目总投资 1579.71 万元，完成渠道衬砌总长 14.3 千米，对 79 座渠系建筑物进行加固整治；柘田中型灌区节水配套改造项目总投资 1584.51 万元，完成渠道衬砌总长 22.0 千米，改造渠系建筑物 46 座，更换闸门及其启闭设备 21 台套等；社上南干灌区（二期）节水配套改造项目总投资 1594.11 万元，综合整治渠道总长 52.36 千米；泸水河北岸灌区节水配套改造项目，工程批复总投资 1997.31 万元。

（5）山洪地质灾害监测预警预报体系建设。完善了山洪地质灾害监测预警预报体系。自 2012 年以来，安福县新建水文站 1 个、水位雨量自动监测站 53 个、雨量自动观测站 20 个和无线广播预警站 841 个（其中主站 104 个、分站 737 个），基本覆盖安福县各灾害区。

### 3. 水土流失综合治理

自 2013 年以来，安福县共治理生态清洁型小流域 6 条，即寮塘东岸、金田白塘、洋门潭源、甘洛、洲湖、竹江生态清洁型小流域。水土流失治理

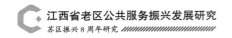

总面积 31.58 平方千米，项目总投资 1253 万元，涉及 6 个乡镇、20 余个行政村。

### 4. 饮用水水源保护

从 2009 年起，安福县水利局每年安排资金，委托吉安市水文局水环境监测中心，对泸水河、五座大中型水库进行监测，从对泸水河的监测结果显示，水质全部在 Ⅱ 类水以上，Ⅱ 类水质达 90%，五座大中型水库水质均达标（Ⅲ 类水质）。

近年来，水利局协同环保等部门开展了泸水河流域水环境调查及安全整治工作。实地测量并明确泸水河饮用水源保护区范围，设立界碑、标识和警示牌。对河道管理范围内"乱搭乱建、乱倾乱倒、乱挖乱采"等"三乱"违法行为进行全面清理。开展了安福县泸水河流域生态综合治理，目前，按照泸水河流域水质水功能区要求，流域内小（二）型以上水库全面实行人放天养，水质达标率达到 95% 以上。严格水功能区监督管理，开展了入河排污口专项检查行动，完成 4 个规模以上排污口整改，推进入河排污口管理规范化建设，基本实现规模以上入河排污口规范化建设在线监测全覆盖。

### （二）安福县水利振兴发展存在的困难问题

（1）乡村防洪设施不健全，部分沿河分布的村庄、耕地尚未设防，乡村堤防防洪标准低。

（2）农村水利基础设施条件较差，中型灌区干渠年久失修，渠线较长，塌方淤塞严重。

（3）水利工程管理维护压力大。安福县水库灌区塘坝主要建成于 20 世纪六七十年代，受当时资金和技术的限制，水利设施因陋就简，标准很低，加之自建成以来，维护投入严重不足，致使设施老化失修严重，目前存在许多安全隐患。

（4）水利局水投公司下辖 20 座水厂覆盖安福县 19 个乡镇 1 个社区（大光山社区）。因农村居民居住较分散、地形复杂和工程建设资金等因素，致使各乡镇农村水厂实际供水规模与设计规模不相符，大部分水厂供水范围为各乡镇圩镇及周边部分村组。

# 四、吉安市新干县水利振兴发展现状

## （一）水利建设成绩

近年来，新干县累计投入 7.68 亿元大兴水利建设，水利防灾减灾能力大幅增强。

### 1. 防洪能力大幅增强

新干县完成三湖联圩、县城防洪工程、沂江联圩等五河治理建设任务，加固堤长 72 千米。完成沂江河出口段、水东段，溧江河、湄湘河出口段等中小河流治理建设任务，治理河长 34 千米，加固堤长 18.58 千米。完成三湖联圩、沂江联圩、车头堤及沂江河下游部分堤段等填塘压浸应急除险建设任务，加固堤长 48 千米。完成 22 座电排站、1 座景观坝建设任务。完成 98 座水库、528 座山塘除险加固任务。2018 年，启动了溧江河桃溪段和沂江河城上段中小河流治理、黄板、木竹 2 座小型水库除险加固工程建设。通过建设，新干县防洪工程体系进一步筑牢，为防汛保安提供了有力支撑。

### 2. 抗旱能力大幅增强

在灌溉供水方面，新干县实施抗旱应急水源工程，建成三山安小（一）型水库，建成水陂、水闸、抗旱机井、提灌泵站、山塘等抗旱应急水源工程 228 处，整治灌溉渠道 83.2 千米，新建供水管网 16 千米，有效解决了工程性缺水问题。完成黄泥埠、窑里、田南中型水库灌区和廖圩、梅塘、大洲小（一）型水库灌区改造任务，整治干渠 115.19 千米，建设渠系建筑物 230 处，打通了输水"中梗阻"问题。实施小农水重点县项目，整治灌排渠道 1411 千米、田间渠系建筑物 8796 座，建成旱涝保收高标准农田 14.14 万亩，打通了农田水利"最后一公里"。在城上、潭丘、神政桥、麦斜、金川等地建成了一批管道输水、微喷滴灌、水肥一体等高效节水项目，灌溉节水效益显著。在农饮供水方面，新干县建成"千吨万人"供水工程 16 处，农村饮水安全巩固提升工程 18 处，解决了 13.1 万农村居民和中小学师生的饮水问题。2018 年，投入中央资金 148 万元，县财政资金 2000 万元，新建或改造水厂 11 处，新建加压泵站 3 处，铺设主管网 114 千米，可解决 4.599 万农村居民的饮水问题。至此，新干县水利工程供水保障体系更趋完善，抗旱保灌、农饮供水保障能力明显提升。

### 3. 科技手段大幅增强

新干县建成由 78 个水库、31 个暴雨山洪、5 个河流雨水工情自动监测站,以及 89 个简易雨情自动监测预警站、266 个山洪灾害预警广播站组成的防汛监测预警网,开发出多个应用平台,防汛远程会议视频系统延伸到乡镇,为防汛抗旱科学指挥、快速决策提供了有力支撑。

### (二) 水利改革实效

近年来,新干县围绕改革创新促管理提升,先后完成了深化小型水利工程管理体制改革、农田水利改革、水权试点工作三项国家级改革试点任务,前两项改革顺利通过省级验收,第三项改革顺利通过水利部与省政府联合验收。农田水利改革试点在推行"建管一体化"上创出了新干样板;还在全国农田水利改革经验交流会、全省农田水利改革培训会上做了经验介绍。界埠、溧江、金川、沂江等乡镇,以及黄泥埠水库在改革试点工作中做了大量工作,成效显著。

2017 年至今,新干县又启动了三项水利改革。一是水利工程标准化管理试点有成效。2017 年 12 月,县政府印发了《新干县水利工程标准化管理实施方案》。2018 年,按计划选择赣东大堤、大洲水库进行试点,后又自我加压,选择黄泥埠、窑里水库进行试点并顺利通过上级验收。通过试点,上述工程基本实现"管理十化"目标,面貌焕然一新,管理更为规范。二是农业水价综合改革稳步推进。继 2017 年在黄泥埠水库灌区完成农业水价综合改革试点,建成江西省首个"管道输水 + 智能灌溉"系统后,2018 年又在溧江镇王山村、麦斜镇阳团村进行试点,完成高效节水项目建设、调查摸底与水价测算、水量计量设施安装等工作,完成农业水价综合改革面积 4600 亩。期间,还在市、省农业水价综合改革专题会上做了典型介绍。三是城乡供水一体化推进有力。2018 年,县委、县政府出台了《新干县农村饮水工程建设实施意见》,着力解决农村饮水困难问题。先是依托县城、河西、盐化工业城等自来水厂,在金川、沂江、神政桥、大洋洲、溧江、界埠 6 乡镇实施管网伸改造,扩大受益范围,实现城乡供水一体化目标。除此之外,新干县依托乡镇集中供水站,实施巩固提升改造,恢复供水能力,扩大受益范围。在自来水厂或乡镇集中供水站覆盖不到的地方,通过改造或新建水源、供水、管网工程,扩大自来水覆盖面,改善饮用水水质。

### （三）水生态文明建设

一是河湖长制工作有实效。新干县设有各级河长 177 人，聘请民间河长 103 人，落实专管员、巡查员、保洁员 556 人，河长制工作组织体系更加健全。出台《新干县全面实施湖长制工作方案》，将城市规划区内的青铜湖、北门湖、湿地公园湖、湄湘湖纳入湖长制工作体系，落实县级湖长、责任单位和具体责任人，湖长制工作全面启动。制定县级会议、信息工作、督办、考核问责、督查 5 项工作制度，河长制湖长制制度体系初步建立。建成了智慧河长制综合管理信息平台。发起"我是'河小青'生态新干行"活动，传播绿色生态理念。二是水环境治理成效显著。新干县水库水质达标率为 97.5%，境内主要河流水质明显好转，龙溪河新干段通过治理消灭了劣 V 类水，通过了省级验收。在溧江河桃溪段、沂江河城上段大力实施中小河流治理。在 3 座中型水库联合开展非法捕鱼钓鱼专项整治行动，有效遏制了非法捕鱼钓鱼行为。会同县发展改革委、县环保局，完成沂江河、溧江河综合规划和环境影响评价报告编制工作，完成 15 座农村水电站可研、取水许可和 2 座农村水电站的初设、水保等报告审查，大力开展农村水电站全面清理整治工作。三是水行政执法力度超前。扎实推进河湖卫士监督执法工作，严厉查处各类水事违法行为，2018 年立案 44 起，罚款 56.7 万元，征缴水资源水保规费 71.4 万元。成立了县人民检察院驻县水利局检察室，执法力量加强。联合公安等 6 个部门，对非法采运砂、非法存砂等行为进行专项整治，发布规范采运砂管理等方面通告 2000 多份，查处非法采运砂案件 25 起，清理存砂 3000 多吨。安装摄像头、GPS 实时监控砂石码头、运砂车辆，严格实行运砂车辆备案登记、采运管理单、采砂船集中停靠等制度，推行分类用砂审批制。完成 2019~2023 年度采砂规划编制工作，成功争取 3 个采砂区，年采砂控制总量由之前的 100 万吨增加到 161 万吨。赣江河道砂石开采实现由民营向国营的顺利交接。四是水资源管理更加严格。2018 年，对新干县 3 个规模以上排污口和 5 个企业取用水户进行了 3 次督查，下达整改通知 8 份，全部整改到位。协助市水文局完成水资源公报编制工作。持续开展节水载体创建活动。协助市水文局定期检测中型水库水质，配合县环保局定期检测小型水库河流水质。批复新建入河排污口 1 个，核发取水许可证 4 本。五是水保监管力度加大。2018 年，在新干县非煤矿山整治工作领导小组领导下，对 22

家非煤矿山、砖瓦窑厂开展了水土保持监督执法检查，下达整改通知10余份，全部整改到位。协助国土部门责令采矿证到期企业暂停生产，督促其进行生态修复；对13个生产建设单位的补办水保方案进行了审批，督促10个生产建设单位完成水保设施自主验收。

# 参考文献

［1］柏海珍.浅谈赣州机关事业单位工作人员养老保险制度改革［J］.老区建设，2016（12）：26-27.

［2］柏海珍.试论社会保障体系的完善策略——以赣州为例［J］.赣南医学院学报，2017，37（5）：796-799.

［3］陈华杰，熊百华，彭勇，等.吉安市农村群众体育健身点的现状调查与分析［J］.井冈山师范学院学报，2004（6）：81-85.

［4］陈婧钰.江西省11地市基本医疗服务均等化水平测度研究［D］.江西财经大学硕士学位论文，2016.

［5］陈美华.提升江西文化产业竞争力策略探析［J］.江西社会科学，2014，34（8）：87-91.

［6］陈琼子.安徽省社会保障水平适度性研究［D］.安徽财经大学硕士学位论文，2014.

［7］陈秀华，潘元生，陈曦.赣州市职业教育高质量发展思考［J］.合作经济与科技，2020（2）：134-135.

［8］戴乃良，肖友生.加强吉安市妇幼和精神卫生人才队伍建设的思考［J］.中医药管理杂志，2012，20（9）：871-872.

［9］当代江西杂志社、赣州市委联合调研组，鄢玫，张武明.苏区振兴　风景这边独好——赣州在加快革命老区高质量发展上作示范的探索［J］.当代江西，2020（6）：11-17.

［10］邓正霖.鄂豫皖苏区文化教育卫生事业发展述略［J］.党史博采（下），2020（7）：15-16.

［11］丁鹏.江西省各市医疗卫生资源利用效率的空间溢出效应分析［D］.江西财经大学硕士学位论文，2019.

［12］董子蓉.中央苏区教育：历史贡献与当代启示［J］.福建论坛（人文社会科学版），2018（9）：81-86.

［13］樊凤龙.井冈山乡土文化融入红色文化路径研究［J］.江西社会科学,2020,40
（5）:233-239.

［14］樊坤,方观音.大众媒介与客家非物质文化遗产的保护和发展——以于都唢呐为
例［J］.赣南师范学院学报,2014,35（5）:17-20.

［15］方青.农村社会保障:回顾与前瞻［J］.中国农村观察,2001（3）:20-27+80.

［16］符英毅.加快发展职业教育　为建设幸福抚州提供人才支持［N］.抚州日报,
2012-03-24（003）.

［17］抚州市统计局.2013年抚州市国民经济和社会发展统计公报［N］.抚州日报,
2014-03-20（003）.

［18］抚州市统计局.2015年抚州市国民经济和社会发展统计公报［N］.抚州日报,
2016-04-13（A03）.

［19］抚州市统计局.2016年抚州市国民经济和社会发展统计公报［N］.抚州日报,
2017-04-01（003）.

［20］抚州市统计局.抚州市2018年国民经济和社会发展统计公报［N］.抚州日报,
2019-04-02（002）.

［21］抚州市统计局.抚州市2019年国民经济和社会发展统计公报［N］.抚州日报,
2020-03-30（A02）.

［22］傅杰,胡万亮,陶干臣.吉安市体育旅游经济的现状及对策研究［J］.商场现代
化,2007（36）:221-222.

［23］甘华智,张文戎,戴笑慧.让每一朵花儿自由绽放——江西赣州财政深入推进义
务教育均衡发展［J］.中国财政,2016（13）:53-54.

［24］赣州市国民经济和社会发展第十三个五年规划纲要［N］.赣南日报,2016-03-
31（002）.

［25］赣州市统计局.赣州市2013年国民经济和社会发展统计公报［N］.赣南日报,
2014-05-26（007）.

［26］赣州市统计局.赣州市2012年国民经济和社会发展统计公报［N］.赣南日报,
2013-05-27（007）.

［27］赣州市统计局.赣州市2016年国民经济和社会发展统计公报［N］.赣南日报,
2017-03-23（006）.

［28］赣州市统计局.赣州市2017年国民经济和社会发展统计公报［N］.赣南日报,
2018-03-29（003）.

［29］赣州市统计局.赣州市2018年国民经济和社会发展统计公报［N］.赣南日报,

2019-03-28（003）.

［30］辜德宏，吴贻刚，陈军.我国竞技体育内生式发展方式的概念、分类、内涵与特征探析［J］.天津体育学院学报，2012，27（5）：382-385.

［31］关于推进抚州教育高质量发展的若干意见［N］.抚州日报，2019-08-09（A02）.

［32］郭久鹏，张振华.江西融入长江经济带发展的问题研究［J］.商业经济，2020（7）：45-46+131.

［33］何小兰.浅谈于都唢呐的现状与发展［A］//文化部艺术服务中心中国民间文化艺术之乡建设与发展初探［C］.北京：北京社图文化发展有限公司，2010.

［34］何智能.赣东北苏区教育研究［D］.江西师范大学硕士学位论文，2017.

［35］侯景娟，彭继增.江西文化产业与市场需求融合发展的机制研究［J］.江西理工大学学报，2016，37（6）：85-89.

［36］侯丽娟.城市文化品牌的塑造与传播研究——以抚州市打造"汤显祖"为核心的城市文化品牌为例［J］.老区建设，2016（24）：43-44.

［37］黄晶.井冈山红色文化创意产品设计［J］.包装工程，2018，39（18）：238-244.

［38］黄丽红.把握新形势 适应新常态 努力承载赣州民政改革发展新使命［N］.赣南日报，2017-05-14（003）.

［39］黄丽红.深入推进赣州民政事业振兴发展［N］.赣南日报，2017-08-13（003）.

［40］黄先浪，钟奉岐，兰师萍.赣州地区社会保障体制改革的研究［J］.企业经济，1997（1）：19-21.

［41］吉安市人民政府办公室印发关于进一步加强基层民政能力建设的实施意见［J］.中国民政，2017（13）：54-55.

［42］江西省"抚州基础教育"专题调研组，肖（亻毛）根，王志国.关于基础教育"抚州现象"的调查报告［J］.江西师范大学学报（哲学社会科学版），2013，46（2）：126-132.

［43］江西省抚州市临川二中 扎实抓好教育科研活动［J］.上海教育科研，2010（8）：97.

［44］江西省赣州市南康区特殊教育学校 以爱育爱 爱启精彩［J］.中国德育，2018（19）：83.

［45］蒋建农.大力弘扬红船精神与井冈山精神［J］.中国井冈山干部学院学报，2020，13（1）：43-47.

［46］孔凤林.特殊教育校本课程开发研究：以赣州市×学校为例［D］.赣南师范学院硕士学位论文，2012.

［47］赖蓉，黎瑛.赣南苏区教育脱贫路径研究——以于都县为例［J］.农村经济与科技，2020，31（3）：144-146+154.

［48］李赋.发展型社会政策视阈下赣州农村社保体系的构建［J］.边疆经济与文化，2011（5）：26-27.

［49］李钧，宋伟.赣州市社区卫生服务中心生存态势分析［J］.劳动保障世界（理论版），2013（11）：127-128.

［50］李凯，李琦.赣州市体育产业现状分析与对策研究［J］.成功（教育），2012（11）：36-37.

［51］李品，袁小华."临川四梦"文化旅游研究和发展现状［J］.美与时代（城市版），2019（12）：101-102.

［52］李思超.请关注革命老区的教育［J］.源流，2018（5）：64.

［53］李夏署.打造红色经典　弘扬井冈精神——从井冈山报社看地方主流媒体弘扬红色文化传播［J］.中国地市报人，2020（7）：17-19.

［54］李哲，周有娣，段瑞.吉安市职业教育现状分析［J］.广西质量监督导报，2019（11）：95-97.

［55］廖建华，宋慎.体育概念分类的逻辑基础［J］.科技信息，2011（16）：274.

［56］廖梓言.基于公众满意度的吉安市政府公共服务供给现状及提升路径研究［D］.南昌大学硕士学位论文，2015.

［57］凌旭东.江西社会保险费征缴体制改革研究［D］.江西财经大学硕士学位论文，2015.

［58］刘斌.对吉安市洪涝灾害统计的探讨［J］.中国水利，2017（9）：37-39.

［59］刘飞，朱松，程宝飞，等.中国历史文化名镇名村的地方性保护评价体系构建研究——以吉安地区为例［J］.井冈山大学学报（自然科学版），2019，40（3）：82-88.

［60］刘建荣，邱云.吉安市多方融资办水利的做法和启示［J］.水利发展研究，2006（11）：38-39.

［61］刘健，陈文远，李风雷.抚州市农村体育现状调查及发展对策研究［J］.体育世界，2006（11）：3-5.

［62］刘健.现代民政的基本内涵　功能作用　发展路径［J］.中国民政，2009（10）：11-14.

［63］刘潜，曾新华，兰海英，等.新医改视域下赣州农村医疗卫生服务体系建设［J］.赣南医学院学报，2016，36（5）：665-668.

［64］刘水莲.赣州成教育改革发展实验区［N］.赣南日报，2013-01-18（002）.

［65］刘威.探究江西抚州采茶戏音乐文化形态的传承与保护轨迹［J］.智库时代，2019（36）：27+29.

［66］刘晓青，刘阳.江西省文化产业发展的问题与对策［J］.中国国情国力，2017（12）：38–40.

［67］刘永红.论江西南丰跳傩的文化象征［J］.池州学院学报，2015，29（4）：15–18+31.

［68］鲁远，熊群红，陈方力.江西文化的历史贡献及时代传承［J］.中共南昌市委党校学报，2020，18（3）：58–61.

［69］路亭，刘琼.红色旅游业与文化创意产业融合研究［J］.牡丹江师范学院学报（社会科学版），2020（1）：33–42.

［70］马凯，舒建峰.抚州市南丰县历史文化名城保护与发展价值研究［J］.建筑与文化，2020（2）：206–207.

［71］马青山.合理利用高校体育资源为抚州市竞技体育服务的策略研究［J］.体育世界（学术版），2012（5）：8–9.

［72］毛丽军.吉安县最低生活保障制度研究报告［D］.西南政法大学硕士学位论文，2011.

［73］明家琪，骆振营，罗雪飞，等.赣州市茶产业发展现状与对策［J］.中国茶叶，2020，42（1）：51–53.

［74］穆怀中，沈毅，樊林昕，等.农村养老保险适度水平及对提高社会保障水平分层贡献研究［J］.人口研究，2013，37（3）：56–70.

［75］彭根来.江西文化产业价值链升级平台建设研究［J］.产业与科技论坛，2019，18（18）：19–20.

［76］秦睿，张频.江西傩戏面谱系整理和数字化研究［J］.戏剧之家，2020（19）：15–16.

［77］邱云.吉安市创新农建机制　增强水利服务实力［J］.中国水利，2008（17）：36–37.

［78］饶志华，肖静.江西文化产业对接一带一路方略［J］.开放导报，2017（5）：84–87.

［79］史斌，孙肖波.新时代基层民政工作职能定位与发展战略研究——以浙江省宁波市为例［J］.华东理工大学学报（社会科学版），2020，35（2）：73–82.

［80］童颜.江西茶文化视角下的赣南采茶戏研究［J］.福建茶叶，2019，41（12）：83.

［81］万晓冬.发达国家职业教育经验及其对抚州市职业教育发展的启示［J］.东华理工大学学报（社会科学版），2011，30（3）：276–279.

［82］王国洪.民族地区社会保障水平对有效减缓贫困的实证研究［J］.民族研究，2016（5）：65-78+125.

［83］王颢.浅谈江西傩戏的发展和文化内涵［J］.戏剧之家，2020（20）：138.

［84］温秋霞，肖群，王伟，等.赣州市中学体育教研活动现状与对策［J］.体育师友，2018，41（2）：51-53.

［85］温雅丽.赣南于都唢呐艺术浅析［J］.北方音乐，2015，35（11）：176.

［86］文蓉辉.传承红色文化的数字媒体技术研究［D］.江西农业大学硕士学位论文，2019.

［87］文愫.中国民间艺术的现状与可持续发展研究——以于都唢呐为例［J］.北方音乐，2017，37（1）：190.

［88］吴丹，王士东，马超.我国水利发展历程演变及评价［J］.水利水电科技进展，2015，35（6）：7-12+19.

［89］吴昊.蔡元培"完全人格，首在体育"教育思想内涵及启示［N］.中国体育报，2020-05-18（007）.

［90］吴丽珍，刘金英.赣南采茶戏传承与发展新思路［J］.科技视界，2019（36）：298+238.

［91］吴萍，金卫根.抚州市中小学环境教育状况的调查与研究［J］.东华理工学院学报（社会科学版），2007（4）：384-386.

［92］伍鹏.关于抚州市2018年市级总预算执行情况和2019年市级总预算草案的报告（书面）［N］.抚州日报，2019-02-23（002）.

［93］伍世安，张仲芳，黄颉.江西社会保障改革发展三十年：历史、成就与前瞻——以养老保险、医疗保险为例［J］.江西财经大学学报，2008（6）：29-33.

［94］肖学文，张兰凤.赣州市农村社会养老保险问题研究［J］.企业导报，2015（24）：51-52.

［95］谢凤霞.教育督导的内涵、价值与区域实践［N］.江苏教育报，2020-07-17（002）.

［96］熊百华，陈华杰，彭勇，等.吉安市农村居民体育活动的现状调查与研究［J］.井冈山师范学院学报，2005（3）：78-82.

［97］熊诗慧，刘念，晏沁甜，等.农户农业保险发展现状及对策——基于江西省吉安市10县202位农民的调查［J］.现代经济信息，2018（10）：488.

［98］熊小玉，李盼."两创"理念下南丰跳傩音乐文化的传承与创新——以《傩·情》为例［J］.北京舞蹈学院学报，2019（1）：112-116.

［99］徐今彦.浅谈赣南采茶戏的创新与发展［J］.艺术评鉴，2019（22）：155-156.

［100］徐欣.赣州市幼儿体育教育现状的分析和研究［J］.赣南师范学院学报，2009，30（6）：116-118.

［101］徐正华.抚州历史文化资源与旅游产业融合发展研究［J］.当代经济，2019（10）：100-102.

［102］杨佳豪，吕连菊.江西文化产业发展现状与问题分析［J］.中国市场，2018（8）：67+71.

［103］杨晓茹，李原园，黄火键，等.“十三五”水利发展方向、布局与重点研究［J］.中国水利，2017（1）：11-14+19.

［104］叶萃蓬.赣州市公共体育服务均等化的现状分析及评价指标体系构建研究［D］.西安体育学院硕士学位论文，2017.

［105］余晟华，吴文新，倪振泷.抚州古村落传统文化的保护与利用［J］.东华理工大学学报（社会科学版），2018，37（1）：1-6+35.

［106］张晶.江西红色文化软实力提升研究［D］.江西理工大学硕士学位论文，2018.

［107］张丽丽.抚州市教育体育局落实十条为民便民服务措施［J］.江西教育，2019（13）：45.

［108］张潘东.云南省社会保障水平及其适度性研究［D］.云南大学硕士学位论文，2015.

［109］周洁.南丰傩舞的形态与文化内涵研究［D］.江西师范大学硕士学位论文，2019.

［110］周卫华.吉安市城市居民最低生活保障制度存在的问题和对策研究［D］.南昌大学硕士学位论文，2008.

［111］朱松挺，胡应龙.江西水利数据资源整合共享实践［J］.江西水利科技，2019，45（1）：72-75.

［112］邹锦良，何川.江西文化创意产业集群发展现状及对策研究［J］.老区建设，2020（8）：44-49.

［113］邹珊珊，刘豪，林珊珊，等.互联网环境下井冈山红色文化的现状及传播与弘扬［J］.中小企业管理与科技（下旬刊），2019（9）：109-110.

［114］曾嘉.高质量发展井冈山红色文化产业研究［J］.中国商论，2019（20）：221-222.

［115］曾庆敏，朱雯.赣州市章贡区大众体育锻炼的现状与分析［J］.科技信息，2012（26）：297-298.